탁월한 설교에는 무언가 있다

탁월한 설교에는 무언가 있다

2018년 8월 2일 초판 3쇄 발행

지은이 | 해돈 로빈슨 · 편집 스콧 깁슨
옮긴이 | 김창훈
펴낸이 | 박영호
펴낸곳 | 도서출판 솔로몬

주소 | 서울시 동작구 사당 3동 207-3 신주빌딩 1층
전화 | 599-1482
팩스 | 592-2104
직영서점 | 596-5225

등록일 | 1990년 7월 31일
등록번호 | 제 16-24호

ISBN 978-89-8255-448-3 03230

Making a Difference in Preaching by Haddon W. Robinson
Copyright ⓒ 1999 by Scott Gibson

Korean Copyright ⓒ 2009
by Solomon Publishing Co., Seoul, Korea

본서의 한국어판 저작권은 에릭양 에이전시를 통하여
Baker Book과 독점 계약한 도서출판 솔로몬에 있습니다.
저작권법에 의하여 한국 내에서 보호를 받는 저작물이므로
무단전재와 복제를 금합니다.

탁월한 설교에는 무언가 있다

● 작은 차이가 만드는 설교 ●

해돈 로빈슨 지음 · 스콧 깁슨 편집 | 김창훈 옮김

솔로몬

차례

감사의 글 / 6
들어가는 말 / 9
머리말 / 12

●설교자
1. 신학자 그리고 복음전도자 / 21
2. 우리는 어떤 권위를 갖는가? / 37
3. 미국 목회자들의 프로필 / 57
4. 힘겨운 상황 속에서의 설교 / 70

●설교자와 설교
5. 강해 설교란 무엇인가? / 89
6. 설교학과 해석학 / 103
7. 성경의 내용과 삶의 적용을 융합하기 / 131
8. 설교에 대한 장애물 부수기 / 149

● 설교자와 청중
9. '커뮤니케이션 왕들' 과의 경쟁 / 171
10. 특수한 상황 속에 있는 모든 사람들을 향한 설교 / 186
11. 설교를 듣는 성도들을 듣는 것 / 206
12. 돈에 대한 설교 센스 / 218
13. 수표책(checkbook)의 간증 / 244

맺는말 / 252
주 / 254

| 감사의 글 |

나의 훌륭한 비서인 다이아나 뉴홀 Dianne Newhall에게, 그리고 조교로 수고해 준 비비안 정, 스티븐 레인 Stephen M. Lane에게, 또한 기술적인 도움을 준 글렌 마세이 Glen L. Massey에게 감사를 드린다.

다음의 출판사들에 대해서도, 그분들이 출판했던 내용들을 내가 다시금 사용할 수 있게끔 허락해 주신 것에 대해서 감사 드린다.

Thanks to *Leadership Journal* for the following: "Busting out of Sermon Block," *Leadership* 14:4 (Fall 1993): 94-99.

"Listening to the Listeners," *Leadership* 4:2 (Spring 1983): 68-71.

"Preaching to Everyone in Particular," *Leadership* 15:4 (Fall 1994): 99-103.

"Preaching Sense about Dollars," *Leadership* 15:4 (Fall 1994): 99-103.

"Preaching Sense about Dollars," *Leadership* 10:4 (Fall 1989): 90-96.

"Preaching With a Limp," *Leadership* 15:1 (Winter 1994): 50-55.

"What Authority Do We Have Anymore?" *Leadership* 13:2 (Spring 1992): 24-29.

Thanks to Christianity Today, Inc., and Haddon W. Robinson for the following, "Profile of the American Clergyman," *Christianity Today* 24:10 (May 23, 1980);

631-633.

"Competing with the Communication Kings," in A Voice in the Wilderness: Clear Preaching in a Complicated World. Eds., Steve Brown, Haddon Robinson, William Willimon (Sisters, OR: Multnomah, 1993) 25-33. Copyright Christianity Today, Inc.

"Blending Biblical Content and Life Application," in *Masstering Contemporary Preaching*. Eds., Bill Hybels, Stuart Briscoe, Haddon Robinson (Sisters, OR: Multnomah, 1989) 55-65. Copyright Christianity Today, Inc.

Thanks to the Christian Medical & Dental Society, "Testimony of a Checkbook," *Christian Medical Society Journal* 7:4 (Fall 1976): 2-5. Reprinted by permission of the Christian Medical & Dental Society, a professional membership organization of Christian doctors and students, P.O. Box 7500, Bristol, TN 37621; Ph: 423-844-100; Web: www.cmds.org

Thanks to the Evangelical Theological Society, "The Theologian and the Evangelist," *Journal of the Evangelical Theological Society* 28:1 (March 1985): 3-8. Subscriptions for the Journal of the Evangelical Theological Society may be obtained by writing to: 112 Russell Woods Drive, Lynchburg, VA 24502-3530.

Thanks to Dallas Theological Seminary and editor of its journal, *Bibliotheca Sacra* for permission to reprint "What is Expository Preaching" *Bibliotheca Sacra* 131:521 (January-March 1974):55-60.

Thanks to Zondervan Publishing House for "Homiletics & Hermeneutics," taken for *Hermeneutics, Inerrancy, G the Bible*, Eds., Earl D. Radmacher and Robert D. Preus. Copyright 1984 by The Zondervan Corporation.

많은 사람들이, 달라스신학교의 키이스 윌라이트^(Keith Willhite) 교수께서 이 책의 '들어가는 말'을 기꺼이 써주신 것에 대해서 감사 드린다. 나는 베이커출판사의 폴 잉글^(Paul E. Engle)께서 이 프로젝트에 관심을 기울여 주시고 많은 친절을 베풀어 주신 것에 대해 감사 드린다.

마지막으로, 이 책의 내용들을 출간할 수 있도록 허락해 주신 해돈 로빈슨^(Haddon W. Robinson) 교수님께 감사드린다. 교수님께서 설교학 분야에 남기신 광범위한 기여에 대해서, 그리고 제 삶에 주신 영향에 대해 참으로 감사 드린다.

| 들어가는 말 |

이 책은 40년이 넘는 기간 동안 로빈슨이 설교해 오면서, 또 설교학을 가르치면서 걷어 낸 어두움(무지)보다 더 깊은 어두움(무지)을 물러나게 하는 명예로운 책이다.[1] 로빈슨은 탁월한 설교자이다. 로빈슨의 설교를 듣는 즐거움을 누려 본 사람이라면, 누구든지 그의 해석적인 통찰력, 능숙한 이미지 사용, 그리고 요점을 날카롭게 해주거나 빅 아이디어 Big Idea를 놀랍도록 정확하게 제시해 주는 유머와 예화들을 들어 보았을 것이다.

몇 해 전에, 신학교 동기가 "나는 하나님이 로빈슨을 만드시고 그런 뒤에 우리 나머지 사람들을 만드셨다고 생각해. 두 종류의 창조물을 만드신 거지."라고 말했다. 나는 거기에 이렇게 대답했다. "나는, 하나님이 로빈슨을 만드시고, 그런 뒤에 다른 한 무리의 설교자들을 만드시고, 그리고 나서야 나머지 우리들을 만드셨다고 봐. 우린 두 단계 더 아래야." 내 동기는 내 말에 동의했다.

나는 적어도 세 가지 이유로 이 책을 환영한다. 유용성, 역사 그리고 약속.

유용성. 이 책은 도서관의 먼지 낀 정기간행물실 서가에 꽂혀 있는 책이 아니다. 이 책은 로빈슨의 직관적이고 학자적인 생각과 개념들을, 성경적인 설교에 헌신했던 그의 평생의 삶에서 추출해 내, 한 권의 책 안에 잘 담아 내고 있다. 하지만 유용하다고 해서 반드시 편리한 것만은 아니다. 이제, 독자들은 신학자인 설교자 그리고 복음전도자로서 설교자라는 로빈슨의 관점을 이렇게 저렇게 비교하고 대조해 볼 수 있고, 또한 성경 본문의 내용과 삶의 적용을 하나의 정황 속에 묶어 낸 그의 관점도 맛볼 수 있다.

역사. 설교에 대한 로빈슨의 패러다임은 청교도들이 "평이한 설교"라고 부른 것에서부터 시작한다. 즉 주의깊은 주해, 신학적 원리들과의 조화, 그리고 설교학적 명제를 정확하게 진술하는 것(로빈슨은 그것을 "빅 아이디어"라고 부른다.[2]) 등 이다. 로빈슨이 "청교도"를 자처하지는 않았지만, 로빈슨의 설교에 대한 접근 방식은, 목회수사학자인 캠벨Campbell과 리차드 와틀리Richard Whately의 수사학 이론에서 비롯되었다고 할 수 있다. 로빈슨의 발전적 질문들의 뿌리는, 수사학을 "명제(주제)를 따라가는 연구"[3]라고 생각했던 와틀리의 사상에서 기인한다.

약속. 설교를 배우는 학생들은 분명 이 책의 여러 장들에 나오는 로빈슨의 다양한 관점들을 통해 여러 유익을 얻을 것이다. 새로운 세기가 동틀 무렵, 성경적인 정확성과 커뮤니케이션의 관계성 사이의 조화를 잘 유지한 로빈슨 같은 극소수의 사람들만이 새로운 시대로 행진해 들어갈 수 있었다. 그러므로 이 책은 예수님이 재림하실 때까지 약속을 붙들고 설교할 사람들을 찾는다. 설교는 새로운 높은 수준과 경지에 이르기까지 계속될 것이다. 왜 그런가? 설교자가 이 책을 읽었기 때문이다.

  우리는 이 책의 내용을 편집하고 한 곳으로 모아준 스콧 깁슨Scott M. Gibson에게도 빚지고 있다. 로빈슨의 좀 더 긴 그림자는, 우리가 강단의 뜨거운 불빛으로부터 편안함을 누릴 수 있게 해주는 그런 그림자이다.

키이스 윌라이트
달라스신학교 목회학 박사 과정 디렉터

| 머리말 |

십대였을 때, 해돈 로빈슨은 자신의 일기장에 설교자 해리 아이언사이드Harry Ironside에 대해서 다음과 같이 썼다. "목사님께서는 한 시간 동안 설교를 하셨는데, 마치 20분만 설교하신 것처럼 느껴졌다. 다른 분들은 20분만 설교를 해도 1시간 동안 설교를 하신 것처럼 느껴진다. 도대체 차이점이 뭘까?" 로빈슨은 자신의 나머지 삶을 이 질문에 대한 답을 찾는 데 사용했다.

로빈슨은, 1931년 3월21일, 아일랜드에서 이민 온 윌리엄 앤드류William Andrew와 안나 로빈슨Anna Robinson 사이에서 태어났다. 그의 부모님들은 뉴욕의 할렘 지역인 마우스타운Mousetown에 집을 마련했는데, 이곳은 「리더스 다이제스트」에서 미국에서 매우 위험한 지역 중 한 곳으로 지적했던 곳이었다.

로빈슨의 어머니는 그가 열 살이었을 때 돌아가셨다. 로빈슨은 오늘날 우리가 '랫취 키 키드(스스로 문따고 다니는 아이)' latch-key kid 라고 부르는 그런 아이가 되었고 아버지로부터 양육 받았다. 그의 아버지는 오후와 밤 시간 동안 일을 하는 사람이었고, 헌신된 기독교인이었다. 아버지는 분명 의심할 여지없이 자기 아들을 위해서 기도했을 것이다. 로빈슨이 살았던 인근 지역의 거친 이웃들은 젊은 소년 로빈슨에게 영향을 주었고, 로빈슨은 갱단의 일원이 되었다. 어느 날 밤, 그의 갱단은 어디론가 몰려가기 위해 모여 있었는데, 어찌 된 영문인지는 몰라도 그때 밀고를 받은 경찰이 그 장소를 덮쳤다.

한 경찰이 로빈슨이 멤버로 있던 그룹에 다가왔다. 경찰은 이 소년을 검문했고, 로빈슨이 얼음 깨는 송곳을 옷 안에 숨기고 있던 것을 찾아냈다. "이걸 갖고 뭘 할 계획이었어?" 경찰관은 소리를 질렀다. 로빈슨은 "얼음을 깨려구요."라고 대답했다. 경찰관은 로빈슨을 밀쳐서 넘어뜨렸다. 그날 밤이 갱 멤버가 될 뻔했던 젊은 소년 로빈슨의 장래를 바꾸었고, 또한 그날 밤 아버지의 기도가 응답되었다.

이 시기 동안 그는 브로드웨이 장로교회의 주일학교 선생님인 존 마이겟John Mygatt과 만나게 되었다.

존 선생님은 자신의 소년반 학생들을 사랑했다. 선생님은 교회에서 로빈슨의 집을 찾아 왔던 몇 안 되는 극소수의 사람들 중 한 명이었다. 이 주일학교 선생님은 평생 동안 이 소년에게 지속적으로 깊은 감명을 주었다.

로빈슨은 그의 십대 초기였던 어느 순간에 죄인의 기도를 하나님에게 드렸고 자기 삶을 그리스도에게 드렸다. 그런 뒤 16살이 되었을 때 그는 밥 존스 대학Bob Jones University에 가기 위해 집을 떠났다. 대학을 다니는 동안, 그는 설교에 관심을 갖게 되었고, 금요일 저녁을 도서관에서 설교 서적들, 이 주제와 관련된 글들을 읽으면서 보냈다. 이 시기 동안 설교에 대한 그의 관심도 성장했고, 실제로 설교를 하는 기술도 성장했다. 그가 대학을 졸업했을 때, 상급생에게 주어지는 최고의 상인 설교할 수 있는 기회를 부여 받았다. 그는 요한복음 3장 16절 말씀을 강론했다.

1951년에, 학교를 마친 뒤 그는 달라스신학교의 대학원 학생이 되었고, 대학 당시부터 연인이었던 보니 빅Bonnie Vick과 결혼했다.

신학교에서 보내던 마지막 해에 그는 비공식적인 설교 수업에서 학생들을 가르쳤다. 로빈슨은 1955년에 신학교를 떠나 오레곤의 메드포드 침례교회에 부교역자로 부임했다. 그는 복음 전도자가 되기로 계획했지만, 오레곤에서 몇 해를 보낸 이후에 달라스신학교는 그에게 학교로 돌아와 설교학을 가르쳐 주기를 요청했다. 그리고 그는 19년을 달라스에서 보냈다.

로빈슨은 남감리교대학교Southern Methodist University에서 1960년에 문학석사 학위를 받았고, 일리노이대학University of Illinois에서 1964년에 스피치 커뮤니케이션speech communication 분야에서 철학박사 학위를 받았다.

1979년에, 로빈슨은 덴버신학교의 총장이 되었고, 설교학에 대한 그의 교과서인 성경적인 설교(『Biblical Preaching: The Development and Delivery of Expository Messages』―「강해 설교: 강해 설교의 원리와 실제」)를 1980년에 출간했다.

덴버신학교에서 12년을 보낸 뒤, 로빈슨은 메사추세츠 해밀턴에 있는 고든콘웰 신학교Gordon-Conwell Theological Seminary에 초빙 받았고, 그곳에서 해롤드 오켕가 설교학 석좌교수Harold John Ockenga Distinguished

Professor of Preaching가 되었다. 그리고 1991년에 고든콘웰의 교수가 되었다.

로빈슨은 40년 넘도록 설교학을 가르쳐 왔다. 이 책은 설교라는 중요한 임무에 관한 그의 글들 중 일부를 모아놓은 것이다. 이 책은 그가 어린 시절 가졌던 "도대체 차이점이 뭘까?"라는 질문에 대답을 시도하는 책이기도 하다.

도대체 차이점이 뭘까?

수십 년 동안 로빈슨은 설교자들에게 설교를 잘하는 것과 설교를 못하는 것 사이의 차이점에 대해 가르쳐 왔다. 이 한 권의 책은, 로빈슨이 탁월한 설교를 만들어주는 구성요소라고 생각하는 점에 대해 그가 다양한 곳에서 기도하고 집필한 논문과 글들을 하나의 모음집으로 만들었다. 그의 발견들이 이 책안에 한 묶음으로 들어있는 것이다.

이 책은 세 부분으로 이루어져 있다. 첫 번째인 "설교자" 부분은 "신학자 그리고 복음전도자"라는 장으로 시작하며 모두 4개의 장으로 구성되어 있다. 이 첫 번째는 로빈슨이 복음주의 신학회 Evangelical Theological Society의 회장으로 취임하면서 했던 연설이다.

두 번째 장인 "우리는 어떤 권위를 갖는가?"에서 설교자들을 향해 설교자 자신들이 현대인들로부터 어떻게 인식되고 있는지를 알아야 한다고 이야기하며, 또한 설교자들이 무엇을 말해야만 하는 것에 모든 설교자들이 관심을 기울여야 하는 이유를 이야기 한다. 세 번째 장의 제목은 "미국 목회자들의 프로필"이다. 여기에서 로빈슨은 크리스천투데이와 갤럽이 함께 조사했던 미국 목회자들의 경향에 대해 물어 본다. 그는 매우 인상적인 숫자의 미국 목회자들이 궁핍한 사람들을 개인적으로 돕는 일에 참여하고 있다는 점을 발견했다.

1부의 마지막 글은 네 번째 장인 "힘겨운 상황 속에서의 설교"이다. 이 장은 목회자와 고통(목회자가 고통 중에 있음에도 설교, 교육, 예배를 인도해야만 하는 고통)의 문제에 관한 것이다. 한 사람의 가족은 소란을 겪을 수도 있고, 한 사람의 건강이 급격히 나빠질 수도 있고, 외로움이 슬금슬금 기어들어오거나 좌절과 낙담이 친구가 될 수도 있다. 이 모든 종류의 일들이 설교자에게 상처를 주며 그의 사역을 방해한다. 로빈슨은 힘겨운 상황 속에 있으면서 설교를 위해 분투해야 하는 것과 관련된 내용을 다룬다.

2부의 큰 주제는 "설교자와 설교"이다. 이 부분은 그의 핵심 사상인 빅 아이디어 Big Idea 철학의 뿌리를 형성하고 있는 성경적이고 신학적인 전제들과 관련된 내용을 다룬다. 2부의 첫 번째 장인 5장 "강해 설교란 무엇인가?"는 강해 설교에 대한 로빈슨의 개념 규정이자 변호이며, 설교에 대한 그의 개념 규정이 어디에 토대를 두고 있는지를 잘 보여주는 내용이다.

설교자들을 향한 가장 큰 도전 중의 하나는 해석학이다. 6장 "설교학과 해석학"은, 로빈슨이 국제성경무오협회에 제출했던 글인데, 여기에서 그는 주해, 해석학 그리고 설교학 작업이 하나로 연결되어 있음을 주장한다. 그는 이 부분에서 설교에 대한 자신의 개념 규정을 세워나가고, 본문에 성실하게 임하는 것을 검토하고 또한 이 부분이 설교에 있어서 어떤 의미를 갖는지에 대해서도 살펴본다.

방금 전에 말했던 6장에서 해석학 신학을 확립했다면, 7장 "성경의 내용과 삶의 적용을 융합하기"는, 적용의 성공과 함정들을 구체적으로 제시하고 살을 붙인다.

모든 설교자들은 설교가 어려운 작업이라는 것을 잘 알고 있다. 로빈슨은 설교 과정을 연구하면서 설교자들에게 어떻게 본문에서 설교로 이동할 것인지에 관해 8장인 "설교에 대한 장애물 부수기"에서 유용한 힌트들을 제공한다.

3부는 "설교자와 청중"인데, 설교자로 하여금 자신이 설교를 하는 대상 즉, 청중인 성도들에 대해 의식적으로 깊이 고려해야한다고 촉구하는 내용으로 구성되어 있다. 이 섹션은 9장 "커뮤니케이션 왕들과의 경쟁"을 통해 시작한다. 모든 주일 설교자들은 텔레비전 설교자들, 복음전도자들, 대형교회 목회자들 즉, 커뮤니케이션의 왕들과 비교 당한다. 로빈슨은 이 왕들의 장점을 인정함으로써, 또한 지역교회 목회자들이 교회 성도들과 더불어 유리한 점들을 갖고 있다는 사실을 인식함으로써 이 이슈와 씨름한다.

10장 "특수한 상황 속에 있는 모든 사람들을 향한 설교"에서, 로빈슨은 설교자들이 자신의 청중들을 잘 이해하는 것이 설교에 있어서 핵심이라는 사실을 인식시키고자 한다. 로빈슨은 설교자들에게 교회 내의 여러 계층들을 가로질러 설교하라고 독려하면서 또한 특별한 상황의 청중들을 대상으로 삼도록 격려한다.

11장 "청중을 듣는 것"에서는, 로빈슨은 피드백feedback이 커뮤니케이션에 있어서 피와 같다는 점을 상기시킨다. 이렇게 하는 것을 통해서, 설교는 삶을 터치한다. 청중들과의 연결은 좋은 설교의 또 다른 핵심이다. 로빈슨은 이렇게 할 수 있는 정보들을 제공해준다.

"돈에 대한 설교 센스", "수표책checkbook의 간증" 이 두 개의 장들은 돈에 관한 설교의 내용들을 제공한다. 12장에서 로빈슨은 돈에 관한 설교가 매우 어려울 수 있다는 점을 인정한다. 로빈슨은 돈에 관한 설교라는 매우 예민한 이슈와, 기독교인의 책임감(설교자가 돈에 관해 설교해야 한다는 책임감과 더불어)이라는 이슈에 대해서 다룬다.

오랫동안 로빈슨은 기독의사회Christian Medical Society의 의장이었다. 돈에 관한 두 번째 장인 13장은 이 기독의사회에서 발행하는 저널에 기고한 글이었고 기독교인들은 책임성 있는 기부자들이 되어야 한다는 특정한 주제를 다룬 것이었다.

사려 깊은 독자는 로빈슨이 십대 때 제기한 질문에 답해왔다는 것을 발견할 것이다. "도대체 차이점이 뭘까?" 그의 가르침, 설교 그리고 설교에 대한 글들은 수많은 설교자들이 자신들의 설교를 이전과 다르게 만들고 탁월하게 만드는데 많은 도움을 주어왔다.

설교자

Making a Difference in Preaching

1. 신학자 그리고 복음전도자
2. 우리는 어떤 권위를 갖는가?
3. 미국 목회자들의 프로필
4. 힘겨운 상황 속에서의 설교

Making a Difference in Preaching

1. 신학자 그리고 복음전도자

1966년에 복음주의 세계대회가 서독 베를린에서 열렸다. 이 당시 이 대회의 명예 대회장은 복음전도자 빌리 그래함이었고, 실행 대회장은 당시 유명했던 미국 신학자이자 크리스채너티 투데이 Christianity Today 편집장이었던 칼 헨리 Carl F.H. Henry였다.

이 대회 개막식에서, 헨리는 그 자리에 모인 참석자들에게 빌리 그래함을 이렇게 소개했다. "오래전에 그가 휘튼 칼리지를 졸업했을 때, 저는 신학교에서 좀 더 공부하라고 빌리를 설득했습니다. 다행스럽게도, 빌리는 제 충고를 받아들이지 않았습니다. 만약 제 충고를 받아들였다면, 우린 어쩌면 우리 세대에서 가장 유능한 복음전도자를 잃어 버렸을지도 모릅니다."

저명한 학자였던 헨리가 조금은 익살스럽게 이런 말을 하긴 했지만, 거기 앉아 있었던 교육가들은 거북함을 금할 수 없었다. 신학교육과 복음전도는 종종 물과 기름이 섞여있는 듯한 모습이 되곤 한다.

지난 2세기 동안 가장 출중했던 복음전도자들을 가만히 살펴보면, 거의 대부분의 사람들이 신학교육을 받지 않았다는 것을 알 수 있다. 진지한 기독교인들 중 다수는 신학교 졸업자들이 "학위를 가지고 교회를 텅 비게" 만들어 온 것이 아닌가 의심하며, 신학교seminary를 무덤cemetery이라고 실수로 발음하면서 이런 발음을 하게 되는 것이 혹시 프로이드적인 무의식이 강하게 나타난 까닭이 아닐까라고 생각하곤 한다(신학교와 무덤이라는 단어가 영어 철자와 발음이 세미너리와 세미터리로 매우 비슷한 것을 활용한 표현임-옮긴이).

그러나 신학과 복음 전도간의 이런 대립감은, 근대에 들어와서 발전되었다. 신학의 학문적 가치가 독일 비평주의에 오염되면서 의심의 대상이 되어버렸다. 지난 2백 년 동안, 역사적 기독교 신앙 고백이 심각한 공격을 받아왔다. 브루노 바우어Bruno Baur로부터 시작되고, 불가지론자인 임마누엘 칸트의 철학과 헤겔의 관념론에 의해 강화된 독일의 비평주의는 이성주의를 낳았다. 이런 비평주의 학자들은 복음주의적 기독교에 대해서 시대에 뒤떨어진, 한물 건너간 기독교라고 평가절하해 버렸다. 또한 그들은 예리한 지성과 날카로운 펜대를 사용해서 성경 한 페이지 한 페이지를 분리시켜 찢어 냈다. 그들은 역사에서 기적들을 제거했고, 지옥에서 불을 제거했으며, 예수님으로부터 신성을 제거했다. 그들은 구약을 한 부족의 신에 관한 우화 정도로, 신약 성경도 아주 먼 옛날 종교의 다락방에 쌓여 있던 낡은 편지 정도로 다루었다.

동시에 독일의 비평주의는 이런 변화들을 미국의 신학교육에도 가져왔다. 독립전쟁 이전 미국에서는, 젊은이들이 사역자가 되기 위해서 연로한 사역자들의 집안에서 같이 살며 준비를 했다. 사역을 준비하는 젊은이들과 연륜 있는 목회자가 함께 성경을 연구하고, 신학 서적들을 읽고, 교회사에 관해 토의하고, 그런 뒤 그들은 병든사람들이나 가정들을 심방하고 교훈을 주기 위해 함께 다니곤 했다.

처음 신학 교육에 대해 이런 방식으로 접근했던 것은, 이론과 실제를 함께 묶어 주고 훈련시키는 장점을 분명 갖고 있기는 했지만, 심각한 문제점들도 있었다. 젊은 목회자들이 필요로 했던 부분들에 대해서, 연륜 있는 목회자 모두가 폭넓은 훈련을 제공할 수는 없었기 때문이다. 점차적으로, 교회지도자들은 사역자를 양성하기 위해서 좀 더 지속적인 훈련 과정이 필요하다는 것을 느끼게 되었고, 그들은 이런 신학 훈련을 제공하기 위해 학교에 관심을 돌리기 시작했다. 처음에 신학교들은 종교 대학원Graduate Schools of Religion으로 등장했고, 신학교에서 가르쳤던 사람들은 교육 받은 학위를 기준으로 선발되었다. 신학교의 교수들은 유럽 대륙에서 건너온 최신식 학문에 매료되었고, 신학교 교실에서 가르친 비평주의적인 관점은 학생들을 통해 교회들로 퍼져나갔다.

불행하게도, 지역 교회들은 신학교들을 책임지고 운영하지 않았던 터였다. 신학교들은 부유한 개인들이 내놓는 후한 기부금을 받았거나 혹은 교단들로부터 후원을 받았고, 결과적으로 신학교의 학자들은 자신들이 가르치는 내용이 교회들에 어떤 일들을 했는지에 대해서 별로 신경 쓰지 않았다. 또한 교회의 성도들이 스스로 진흙탕 속에서 물을 마시고 있다는 느낌을 가졌다 하더라도, 성도들은 영적 오염을 걸러내고 정화시킬 아무런 힘이 없었다.

신학교들과 복음전도

신학교의 신학자들은 종종 복음전도를 얕잡아 봤다. 복음증거자들은 학문성도 없는 시끄러운 사람들 정도로 격하되곤 했다. 이와는 반대로, 교회안의 많은 사람들은 신학교들과 학문에 대해 전혀 다른 반응을 보였다. 교회의 시각으로 보기에, 신학은 불필요할 뿐만 아니라 위험천만한 것으로 보였기 때문이다. 찰스 피니 Charles Finney, D.L.무디 Moody, 샘 존스 Sam Jones, 밥 존스 Bob Jones, 빌리 선데이 Billy Sunday 등과 같은 복음증거자들, 이들은 모두다 신학교육을 받지 않은 사람들이었다. 이들의 사역을 통해 교회가 부흥되자 목회자가 되기 위해서 반드시 신학교 교육을 받아야 되는건 아니라고 생각하는 그런 회심자들이 교회 안으로 들어오게 되었다. 그들에게는 복음전도가 그 시대의 유일한 필요로 자리 잡았고, 20세기로 들어올 무렵 신학을 최소화하고 실제적인 훈련에 강조점을 두는 성경 학원들이 설립되었다. 믿음선교 faith mission (전도나 선교를 할 때 필요한 모든 자원들을 공급하시는 하나님만을 의지하고 고정적인 봉급을 위해 교단들의 재정적인 후원을 받지 않는 모습이나 그런 기관)는 복음전도의 위치를 강화시켰다. 성경 학원들과 믿음선교가 당시 교회 내에 필요했던 올바른 방향 수정을 제공해 주었다는 점은 의심할 여지가 없지만, 종종 이로 인해 신학적인 성찰들이 무가치한 것으로 여겨지기도 했다.

여기에다가, 학문성을 갖춘 사회 구성원들도 복음전도자들을 의심할 만한 근거들을 갖고 있었다. 일부 복음전도자들은 비합리적인 선정주의자들에 불과할 뿐이었고, 또한 사람들보다는 돈이나 숫자에 더 관심을 두고 있는 사람들이었다. 싱클레어 루이스Sinclair Lewis는 엘머 갠트리Elmer Gantry(종교 풍자 소설)를 쓰면서, 일부 복음전도자들이 교회들을 교묘하게 조종하는 은혜스럽지 못한 상황들을 소설의 내용 안에서 지적했고, 뿐만 아니라 그런 사람들이 성도들을 양육하기보다는 하나님의 이름으로 성도들을 속여 강탈하는 모습을 지적했다. 온 나라 대부분의 지역들에서, 사람들은 공동체의 중요한 이벤트들로서 서커스와 부흥회 보기를 갈망했다. 사실 이 두 가지는 많은 공통점을 갖고 있다. 모두 천막 속에서 진행되었고, 모든 공동체 사람들의 마음을 끌어당겼다. 이 둘의 유일한 차이점이, 서커스는 천막에 들어가기 전에 돈을 지불해야 하는 반면, 부흥회는 천막 안에서 사람들의 돈을 모으는 것뿐인 경우들도 종종 있었다. 많은 복음전도자들은 그저 깜짝놀랄만한 인생담이나 고작해야 열 개 정도의 설교를 가지고 사역을 시작했으며, 장소를 이동하면서 다른 청중들을 향해 이런 내용들을 반복적으로 설교했다. 이들의 교육수준은 의심을 받았다. 그들은 자신들을 합리화하며 이야기했다. "만약 적은 지식이 위험한 것이라면, 많이 배운다는 것은 얼마나 더 위험한 일이겠는가!"

신학과 복음전도의 분리는 비극적인 이혼이 아닐 수 없다. 오늘날에는 복음전도자들과 신학자들 모두가 필요하다. 건전한 교리가 없는 복음전도는 무지한 광신주의로 전락한다. 그리고 회심자들을 만드는 것을 목표로를 하지 않는 신학은 냉랭한 지성주의로 퇴보한다. 이 두 가지의 분리는, 지적으로나 성경적으로 건전하지 않은 믿음을 낳을 뿐이고, 또한 영적으로 만족스럽지 못한 믿음을 낳는 결과를 가져올 뿐이다. 하나님의 백성들은 신학자와 복음전도자가 모두 필요하다는 점을 잘 인식할 필요가 있다.

신학자와 복음전도자

우리는 18세기, 두 명의 탁월한 교회지도자들을 통해서 이 두 가지 소명들이 어떻게 역할을 감당했는지를 살펴볼 수 있다. 존 웨슬리 John Wesley는 복음전도자였다. 그는 종교로 삶의 기반을 다질 수 있는 가정에서 성장기를 보냈다. 하지만 그가 그리스도께 회심한 것은 어른이 되어서였다. 사역자가 되기 위해 옥스퍼드에서 공부한 뒤, 웨슬리는 아메리칸 인디언들을 위한 선교사가 되어 미국으로 건너갔다. 그는 애를 썼음에도 불구하고 별다른 성과를 거두지 못한 채, 실망한 모습으로 본국인 영국으로 돌아왔다. 어느 날 저녁, 웨슬리는 앨더스게이트 Aldersgate에서 있었던 종교 모임에 초청 받았었는데, 그곳에서 그는 마르틴 루터의 로마서 주석 서문을 낭독하는 것을 듣게 된다. 그 순간 웨슬리는 그의 마음이 "이상하게 뜨거워지는" 것을 느꼈고,

이런 경험을 통해서 진정으로 회심하게 되었다.

웨슬리는 복음전도 사역에 뛰어들어 진력을 다했다. 하루에 두 차례에서 다섯 차례까지 설교를 하였는데, 그는 적어도 평생 동안 4만 번 이상의 설교를 했을 것이다. 그는 동포들에게 복음을 들고 나아가기 위해서, 40만 2천 킬로미터 이상을 말을 타고 여행했다. 그의 사역은 지속적으로 열매 맺었고 끊임없이 영향을 주었다. 그는 영국 종교의 면면을 바꾸었을 뿐만 아니라, 우드로우 윌슨Woodrow Wilson에 의하면 영국 역사의 행로도 바꾸었다고 한다. 웨슬리는 새로운 종교 단체들과 교단을 형성했으며, 가난한 사람들을 위해 상당한 양의 돈을 모았고, 종교 서적 출간을 위한 기관을 제일 처음으로 설립했고, 믿음을 위한 논쟁들에 참여했다. 마침내, 그는 13만 5천 명의 성도들과 5백여 명의 설교자들을 감리교회에 남겨 두고 이 세상을 떠났다.

웨슬리가 태어난 1703년 같은 해에 대서양의 다른 편에서는 또 다른 한 사람이 태어났는데, 그의 삶도 교회에 지대한 영향을 끼쳤다. 조나단 에드워즈Jonathan Edwards, 그는 학자였다. 에드워즈는 뉴 잉글랜드의 유명한 청교도 사역자, 솔로몬 스토다드Solomon Stoddard의 손자로서, 어린시절을 사제관에서 보냈다. 여섯 살 때 그는 라틴어를 마스터했다. 아홉 살 때는 물질주의에 관한 논문을 썼다. 열두 살 때는 거미에 관한 에세이를 남겼는데, 이 에세이는 아직도 생물학적으로 매우 날카롭고 정확한 글로 알려져 있다. 열세 살 때 그는 예일 대학에 들어갔고, 열일곱 살 때는 최고 점수로 대학을 졸업했다.

에드워즈의 많은 설교들은 그의 박학다식한 지성을 잘 드러낸다.

그는 『자유 의지』Freedom of the Will와 『구속사』A History of Redemption에 관한 논문을 썼는데, 이 논문은 지금도 기독교 신학의 고전들로 자리 잡고 있다. 55세로 생을 마감하기 직전에, 프린스턴 대학의 총장직을 수락했다. 그의 학식은 아직도 미국에 깊은 인상으로 남아있다. 유니테리언파(삼위일체를 부정하는 기독교교파)의 문학 비평가인 배럿 웬델Barrett Wendell은, 조나단 에드워즈를 미국이 낳은 가장 탁월한 세 명의 사상가 중 한 명이라고 평했다. 예일 대학은 에드워즈의 업적을 기리면서 그의 글들을 책으로 재출간했다.

웨슬리와 에드워즈 두 사람은 모두 하나님이 교회에 주신 선물들이다. 하나님의 백성들은 하나님의 사상에 몰두할 수 있는 학자들을 필요로 하며 또한 그 메시지를 매우 분명하게 선포할 수 있는 복음전도자들을 필요로 한다. 교회가 주님이 맡겨 주신 사명을 온전하게 감당해야만 한다면, 우린 그저 이 두 가지 측면들을 잘 이해하는 정도만이 아니라 그 이상으로 나아가야만 한다. 우리에게는 신학자적 복음전도자들과 복음전도자적 신학자들이 필요하다.

웨슬리와 에드워즈는 두 가지 직무을 조합시켰다. 웨슬리는 말을 타고 40만 2천 킬로미터 이상을 여행하면서, 영어, 불어, 라틴어, 헬라어 그리고 히브리어 문법들을 만들었다. 그는 헬라어 신약 성경을 편집했으며 성경에 대한 자기 자신만의 번역본을 만들었다. 그의 설교들과 저널들은 조직신학의 핵심적인 항목들을 포함하고 있었다.

학자인 에드워즈는 복음전도와 부흥의 핵심적인 세력이 되었다. 「진노한 하나님의 손에 붙들린 죄인」이라는 에드워즈의 설교는 뉴 잉글랜드 지역에서 여러 차례 선포되었으며, 대각성 운동의 시작을 알리는 위대한 나팔소리가 되었다. 그의 엄격한 논리, 자기 교회 성도들과의 정서적 하나됨, 그리고 성경 본문의 사용은, 성도들을 단순한 만족감 그 이상으로 뒤흔들었다. 에드워즈를 통해 수많은 사람들이, 자신들에게 예수 그리스도가 절대적으로 필요하다는 것을 깨달았다.

역사를 통해서 살펴볼 때, 효과적인 복음전도자들은 신학을 공부했었고, 강력한 신학자들은 복음을 전하는 일에 자기 자신을 드렸다. 그 누구도 복음전도에 대한 사도 바울의 열정을 의심하지 않을 것이다. 하나님의 영감하에서, 바울은 로마에 있는 믿음의 벗들에게 "내가 그리스도 안에서 참말을 하고 거짓말을 아니하노라……내 자신이 저주를 받아 그리스도에게서 끊어질지라도 원하는 바로라……내 골육 이스라엘이 구원을 받을 수만 있다면!"이라고 편지를 썼다. 동시에 사도 바울은 탁월한 신학자이기도 했다. 그가 로마서, 에베소서 그리고 갈라디아서를 썼던 것을 생각해 보라. 아마 당신은 그의 신학이 갖는 넓이와 깊이에 놀라움을 금치 못하게 될 것이다. 사도 바울이 사역의 열기 속에서 썼던 서신서들은, 대부분의 기독교 사상가들이 깊이 파고드는 보물매장지이다. 바울은 신학과 복음전도를 하나로 끌어안는다. 바울은 복음을 전하고자 신학자가 되었고, 신학은 그의 메시지의 토대를 형성했다.

신학자인 어거스틴은 기독교 사상을 형성했고, 그가 죽은 이후에도 오랫동안 기독교 사상의 방향을 정립했다. 그러나 어거스틴은, 그의 위대한 작품인 『신의 도성』The City of God을 복음을 증거하는 심정으로 집필했다. 사람들이 로마 시민 사회의 붕괴를 바라보며 좌절했을 때, 어거스틴은 그들에게 하나님이 설립자이시고 창조자이신 그런 도성을 바라볼 것을 지적했다.

존 칼빈John Calvin은 교회 역사상 가장 성공적인 복음전도자중 한 사람으로 자리 잡고 있다. 이 뛰어난 신학자는 제노바와 스위스의 불어권 여러 지역들을 복음화했다. 뿐만 아니라 그는 스코틀랜드에서 트랜실베니아에 이르기까지 복음주의적 신앙을 확장시킨 "유럽의 복음전도자"가 되었다. 그는 평생동안 『기독교강요』를 다섯 번 개정했는데, 이는 기독교 신학을 좀 더 분명하고 확신있게 설명하는 것을 통해 그의 동료와 제자들을 좀 더 효과적인 복음전도자들이 세우기 위해서였다.

현대 해외 선교의 개척자인 윌리암 캐리William Carey는 그리스도 없이 살아가는 수백만 사람들의 무거운 짐을 자기 마음에 짊어졌다. 캐리가 세계를 향해 복음을 전할 열망을 품고 있을 동안, 꽉막힌 신학대로 움직이고 있던 그의 믿음의 형제들은 아무것도 하지 않는 모습이었다. 이런 이유로 인해, 캐리는 아직 한 지역의 목사로 섬기는 동안, 히브리어, 헬라어, 화란어, 불어 그리고 이탈리아어 등을 배우며 자기 자신을 준비시켰다. 그 후 잃어버린 자들을 향한 그의 관심은 그를 인도로 이끌었고, 그는 그곳에서 인도 문학의 풍성한 세계를 탐험하고 복음 안에 담긴 그리스도의 보물들을 더욱더 공유해 가면서 언어 실력을 착실하게 다져가고 습득했다. 캐리는 출판사를 설립했고 훌륭한 대학을 세웠는데, 이는 인도 대륙에 있어서 처음이자 핵심적인 신학교육기관이었다.

프란시스 쉐퍼 Francis Schaeffer는 이 시대의 수많은 사람들을 사로잡고 있었던 풍조, 전제, 가정들에 대해 도전했다. 그는 이교적 철학이 얼마나 무익한 것인지를 폭로하면서, 성경의 진리가 삶의 토대로서 충분하다는 사실을 역설하였다. 그러면서도 쉐퍼는 자신의 삶의 중추적인 목적에 대해서, 방황하는 사람들을 그리스도에 대한 지식으로 이끌어 주는 복음전도자라고 생각했다.

분명 영적인 열정이 부족한 학자들도 있지만, 그건 신학의 잘못이 아니다. 그런 사람들은 무슨 일을 했든지 그런 모습이 되었을 것이다. 또한 겉으로 무언가가 드러나는 것이 복음 증거의 필수적인 요소는 아니다. 그리고 실제로 명확한 신학은 건강한 복음 증거의 토대이다.

복음전도자의 목표들

복음전도자들의 첫 번째 목표는, 세상을 향해 예수 그리스도의 복음을 선포하는 것이다. 분명 이 일은 메시지에 대한 이해를 필요로 한다. "주 예수 그리스도"를 믿는다는 것은 무슨 의미인가? 그건 "예수님을 당신 마음에 들어오게 하십시오." 또는, "당신 삶을 그리스도께 여십시오."라고 말하는 것이나 혹은 "예수님을 당신 삶의 주님이 되게 하십시오."라고 말하는 것인가? 우리가 "하나님의 아들, 예수 그리스도의 보혈이 우리를 모든 죄에서 깨끗케 하신다."라는 문장을 읽는다면, 이런 문장은 시장에서 장사하는 사람들에게 개인적으로 어떤 의미를 갖을까? 우리는 이런 진리를 교회에 다니지 않는 사람들에게 어떻게 설명할 것인가? 이런 성경의 선포들을 해석하고 있다면 당신은 지금 신학적인 작업을 하는 것이다.

때때로 우리가 깊은 수준이라고 부르는 것이 그저 진흙투성이인 경우들이 있다. 우리가 복음을 스스로 잘 이해해야만 다른 사람들에게 복음을 명확하게 전달할 수 있다. 신학은 우리 생각과 사상을 명확하게 만들고, 기독교인들이 믿는 내용들이 무엇인지를 잘못된 교리들과 대조적으로 제시해 주며, 또한 우리가 교회 밖의 사람들에게 복음의 메시지를 전달하는 것을 도와준다.

복음전도자들의 두 번째 목적은, 회심한 사람들이 좀 더 성숙한 기독교인으로 성장하도록 돕는 것이다. 그리스도에 대한 신앙을 고백하는 사람들이 종종 성장하지 않기 때문에 올바로 서지 못하곤 한다. 기독교 교리라는 좀 더 강한 고기(젖이나 야채가 아니라)만이 건강한 기독교인을 만들어 낸다. 그리고 우리는, 하나님이 성경 말씀 안에서 우리에게 계시하신 위대한 진리를 일차적으로 이해하고 나서 믿음으로 그 내용들을 삶에 적용하는 것 없이는 결코 기독교인의 모습에 다다를 수 없다.

신학이 복음전도의 기초라면, 복음전도는 신학의 결정적 요소이다. 하나님의 진리는 연구만이 아니라 선포를 요구한다. 우리가 기독교인이 되고자 한다면, 우리는 그리스도 편에 서야만 한다. 나폴레옹의 부관들은 재킷 속에 그들의 심장 가까운 쪽에 세계 지도를 품고 다녔다. 그들의 목표는 세계정복이었는데 이는 그것이 나폴레옹의 목표였기 때문이다. 이 목표를 위해 그들은 싸웠고, 희생했고, 고난을 감당했고 그리고 죽었다. 기독교 학문은 이 세상에 있는 그리스도의 백성들을 섬기기 위해 존재한다. 성경을 라틴어로 번역했던 제롬Jerome이라는 학자에 관한 이야기가 있다. 그는 신학자이자, 철학자였으며, 히브리어, 헬라어 그리고 라틴어를 통달한 문법 학자이기도 했다. 당시의 다른 모든 학생들과 마찬가지로 그도 책을 사랑했다. 어느 날 밤 잠을 잘 때, 그는 그리스도의 심판대 앞에 자신이 서 있는 꿈을 꾸었다.

주님이 보좌에서 물으셨다. "너는 누구냐?"

그는 대답했다 "기독교인 제롬입니다."

그러나 보좌에서 엄한 목소리가 들려왔다. "그건 사실이 아니다."

"너는 그리스도를 사랑하는 사람이 아니라, 키케로(고대 로마의 정치가)를 사랑하는 사람이다. 네 보물이 있는 곳에 네 마음도 있느니라!"

제롬은 식은땀을 흘리면서 잠에서 깨어났고, 자신이 문학과 책들을 지극히 사랑한 나머지, 그리스도가 목숨을 내어주신 사람들을 잊어버렸던 잘못에 대해 무릎 꿇고 엎드려 용서를 구했다.

우리는 책을 사랑하는 만큼 그리스도를 사랑해야만 하고 또한 사람들을 더욱 더 사랑해야만 한다. 복음전도자는 학자를 필요로 하며, 학자는 복음전도자를 필요로 한다. 더군다나, 교회는 학자적인 복음전도자와 복음전도자적인 학자들을 필요로 한다. 영혼과 마음으로만이 아니라 지성으로도 하나님을 사랑하는 사람들 말이다.

C. I. 스코필드Scofield는 텍사스 달라스의 유명한 목사였고 『스코필드 바이블』Scofield Bible의 원편집자이기도 했다. 1918년에 그는 매우 중한 병에 걸려 자신의 사역을 다시금 평가해 볼 수 있는 기회를 갖게 되었다. 1919년 1월 새해를 시작할 때, 스코필드는 자신이 알고 있던 많은 성경 교사들을 향해 편지를 썼다. 이 편지를 받은 사람들 중에는 윌리암 페팅일William Pettingill도 있었다. 다음은 스코필드가 쓴 편지 내용이다.

> 사랑하고 존경하는 형제님께
>
> 여러분과 저는 성경을 가르치는 사람들입니다. 이는 하나님의 은혜이며, 위대한 선물입니다. 하지만 여기엔 큰 위험도 있습니다.
>
> 지난 몇 달 동안, 육체적인 질병으로 인해 저는 모든 구두(口頭) 사역에서 떨어져 침상에서 시간을 보냈습니다. 이 시간 동안 저는 제가 형제들을 가르치면서 교사로서의 위험에 빠진 것에 대해 주님께 용서를 구해야만 한다는 생각을 자꾸만 더 갖게 되었습니다.
>
> 달리 말해서, 구원 받지 못한 사람들에게 복음 메시지를 전하는 것을 게을리 한 것에 대해 용서를 구해야 한다는 생각을 자꾸만 하게 되었습니다.
>
> 형제 여러분, 그건 정말로 위대한 메시지입니다. 그리스도의 양 무리를 먹이는 일은 달콤한 일이면서 필요한 일이지만, 예수님께

서 이 땅에 오시고, 죽으시고, 다시 살아나신 것은 잃어버린 사람들을 찾으시기 위해서였습니다. 복음에 관한 본문들을 반복해서 이야기하면서 그저 "예수님께 오세요"라고만 이야기하는 것으로는 충분치가 않습니다. 진정으로 선포된 복음에는 누군가를 찾는 부드러운 모습이 들어 있습니다. 당신은 1918년에 얼마나 많은 복음 설교를 했습니까? 얼마나 많은 사람들이 당신의 사역을 통해 구원을 발견했습니까? 잃어버린 사람들을 찾기 위해 꾸준하고 힘 있게 사역하는 1919년을 만들어 봅시다.

그리스도의 사랑 안에서,
C. I. 스코필드 드림

우리도 마찬가지 일을 하고자 결심할 수 있다. 우리가 학자적인 복음전도자가 될 수 없다면, 하나님의 은혜 안에서 복음전도적인 학자가 되기로 결심하도록 하자.

생각해 봐야 할 질문들

1. 신학과 복음전도 사이의 대립은 어떤 특징을 갖고 있는가?
2. 존 웨슬리나 조나단 에드워즈 같은 인물들은 신학과 복음전도를 어떻게 다루었는가?
3. 당신이 신학과 복음전도에 대해 고민할 때 다루는 이슈들은 무엇인가?
4. 어떤 방식으로 당신은 좀 더 나은 신학자와 좀 더 나은 복음전도자가 될 수 있는가?
5. 당신은 신학과 복음전도 사이의 대립에 관해 로빈슨이 제시하는 제안을 어떻게 생각하는가?

참고도서

Douglas, J.D., ed. *The Work of an Evangelist* :World Wide Publications, 1984.
Gresham, Charles, and Keith Keeran. *Evangelistic Preaching* :College Press, 1991.
Loscalzo, Craig A. *Evangelistic Preaching that Connects* :InterVarsity Press, 1995.
McLaughlin, Raymond W. *The Ethics of Persuasive Preaching* :Baker, 1979.
Mounce, Robert. *The Essential Nature of New Testament Preaching* : Eerdmans, 1960.

2. 우리는 어떤 권위를 갖는가?

나는 사업가들과 함께하는 성경 공부 모임에 자주 참여한다. 최근 이 모임의 멤버 한 분이 이야기하기를, 수년 동안 사업을 해왔지만 자기 교회 목사님이 직접 사업장에 방문한 적이 단 한 차례도 없었다고 했다.

다른 한 분도 이야기했다. "저도 마찬가지에요, 아마 사역자분들은 제 사무실에 오면 왠지 있어서는 안 되는 곳에 있다고 느끼는 것 같아요."

나는 내 자신을 사역자라고 생각하기 때문에, 그분에게 좀 더 자세히 이야기해 달라고 부탁했다.

"제가 알고 있는 대부분의 사역자분들은 병원을 심방하시거나 아니면 교회 주변에서 일하실 때가 제일 잘 어울리는 것 같아요. 그게 그분들의 영역이에요."

이분은 계속해서 자신은 목회자들의 세상과 사업하는 사람들의 세상을 매우 다르게 본다고 이야기했다. "목회자는 혼자서나 아니면 소수의 스태프들과 일하시는 데 익숙하고 관계성에 흥미를 느끼시죠. 하지만 사업의 세계는 좀 더 비인격적인 분위기이고, 순익이나 결과를 강조하는 사람들이 주도하는 세상입니다."

그분은 계속 말을 이어갔다. "목회자들은 슬픔이나 외로움 그리고 상호 관계적인 윤리들, 그러니까 도둑질, 탐심, 간음 등등의 일을 매우 잘 처리하지요. 하지만 저는 한 개인이 그룹이나 조직 사회 속에서 갈등을 겪는 문제들에 대해 말씀하시는 목회자를 많이 보지 못했습니다."

그러자 큰 규모의 건설회사를 운영하는 다른 분이 여기에 동의하면서 예를 하나 제시했다. "어떤 사람이 50만 불의 빚을 진 채 죽었습니다. 그 사람과 그의 부인은 집을 한 채 소유하고 있었는데, 그 집은 대략 15만 불 정도 가치를 갖고 있는 집이었습니다. 질문은 이겁니다. 우리는 돈을 받기 위해 그 부동산에 대해 소송을 걸어야 하는 걸까요? 자기 남편의 빚을 일부라도 갚기 위해 그 부인에게 그 집을 내놓으라고 해서라도 말입니다."

이분은 계속해서 이야기했다. "목사님께서 회사를 소유하고 있을 경우에, 목사님께서는 원하시면 긍휼을 베푸는 결정을 하실 수도 있습니다. 하지만 만약 목사님께서 주주들에 대해 책임을 져야 하는 상황이라면, 혹은 목사님의 직업이 부실 채권들을 모으고 처리하는 것이라면, 목사님은 어디에 더 중요한 가치와 충성도를 둘 것이며, 어떻게 행동하시겠습니까? 어쩌면 목사님께서는 '15만 불은 어차피 충분한 액수가 아니잖아요'라고 말씀하실 수도 있습니다. 그렇다면 그 집이 50만 불 이상의 가치를 갖고 있다고 생각해 보십시오. 그러면 어떻게 하시겠습니까? 아니, 만약 그 집이 100만 불짜리라면요? 50만 불 이상의 집일 경우에는 소송을 걸어도 윤리적이고, 15만 불짜리 집이면 소송이 비윤리적인 것인가요?"

이 모임에 참석한 사업가들은 교회에서 이런 종류의 이슈들에 대해서 다루거나 이야기하는 것을 거의 듣지 못했다는 점에 대해서 동의했다. 그러나 이런 문제는 삶에서 흔히 일어나는 상황들이다. 사업을 하는 일부 사람들에게는, 자신들이 믿음을 갖고 살아 내야만 하는, 거칠면서도 도덕적 양면성을 갖는 이슈들이 있다.

한 사람이 이야기했다. "설교자는 절대적인 것들, 옳고 그른 것들에 대해서 이야기하지만, 우리들 대부분은 회색지대에 있는 상황들을 다룹니다." 다른 사람도 덧붙였다. "우리 목사님은 '선한 사람도 하나님 앞에서는 대적일 뿐입니다'라고 말씀하시지만, 세상 사람들은 첫 번째나 두 번째 도덕적인 선택을 하며 살아가는 것이 아닙니다. 그들은 열두 번째나 열세 번째 선택들 속에서 허우적거리면서 살고 있어요."

이 사업가는 결론을 내렸다. "저는 우리 목사님 설교를 상당히 많이 듣고 잘 이해했지만, 목사님께서는 우리가 사는 세상에 대해 자주 이야기하시는 것은 아닙니다."

이 대화를 하면서 나는 당황스러웠다. 모든 사람들이 이 사업가들의 이야기에 동의하는 것은 아닐 것이다. 어떤 사람들은 목회자들이 좀 더 폭넓은 삶의 문제들에 대해서 더 잘 알려 주는 설교를 해서 자신들에게 도움을 되기를 원할 수도 있다. 그러나 자신이 살고 있는 특정한 세상에 대해 설교자가 통찰력을 갖고 설교할 수 있다고 기대하는 사람들이 그리 많은 것은 아니다.

시대의 변화

시대는 목회자들을 바라보는 사람들의 관점을 바꾸어 놓았다. 오늘날의 평균적이고 일반적인 설교자는, 자신의 지위가 갖는 권위에 토대를 두고서 설교하지 않는다.

1세기 전만 해도 목회자는 지역사회에서 지혜와 성실함의 대명사인 사람으로 여겨졌다. 목사라는 직책 자체도 권위를 갖고 있었다. 사역자는 교구 목사였고, 종종 한 마을에서 가장 교육을 잘 받은 사람이었거나 혹은 마을 사람들에게 바깥 세상의 일들을 해석하고 평해 달라고 부탁을 받던 사람이었다. 그는 읽고 연구할 수 있는 유일한 기회를 갖고 있는 사람이었으며, 또한 도덕적인 상황이나 종교적 상황에 대해서 한 공동체가 어떻게 반응해야만 할 것인지를 결정하는데 있어서 중요한 목소리를 내던 사람이었다.

그러나 오늘날 평균적인 시민들은 목회자들이나 설교자들에 대해 전혀 다른 관점을 갖는다. 아마도 우리는 사기꾼처럼 다뤄지거나 혹은 펀드를 조성하는 허풍장이처럼 취급되지는 않겠지만, 우린 존경,

신뢰 그리고 권위를 얻기 위해서 대단한 노력을 경주해야하는 그런 상황에 직면해 있다.

사회적인 경시에 직면한 상황 속에서 혹은 "종교적인"이나 "개인적인"이라고 써붙여 놓은 자리로 격하된 상황 속에서 많은 설교자들은 권위라는 이슈로 인해 분투한다. 왜 다른 사람들이 우리에게 관심을 기울여야만 하는가? 우리가 갖는 신뢰성은 무엇에 근거를 두고 있는 것인가? 이런 분위기 속에서, 우린 적절한 권위를 어떻게 다시 획득할 것인가? 그러니까 권능 있고 효과적인 모습으로 복음을 전달하고 설교하기 위해 필요한 권위를 어떻게 다시 획득할 것인가?

내게 도움을 주어 왔던 여섯 가지 가이드라인을 이야기하고자 한다.

성도들이 표현하지 않은 감정들을 구체적으로 드러내라

오늘날의 교회 성도들에게 목회자가 신뢰성을 세워나갈 수 있는 한 가지 길은, 당신이 그들의 상황을 이해하고 있다는 점을 성도들이 느낄 수 있게끔 해주는 것이다. 교회 장의자에 앉아 있는 많은 사람들은 설교자들이 다른 세상에 살고 있는 것은 아닌지 의심하곤 한다. 장의자에 앉아 있는 사람들은 먼 과거의 성경 속 리포터가 전해 주는 내용을 예의 바르게 들을지는 몰라도 설교자가 자신들의 상황에 대해 이야기한다고 확신하지 않으면 설교에 사로잡히지 않을 것이다.

바로 이점 때문에 나는 설교할 때 성도들에게 이야기하기보다는 성도들을 '위해' 이야기하고자 노력한다. 당신은 "그래, 맞아, 나도 그래"라고 당신이 반응하는 설교를 들어본 적이 있는가? 그때 설교자는 당신의 감정을 표현해 주었을 것이다. 아마도 당신 자신이 표현할 수 있었던 것보다 더 훌륭하게 당신의 감정을 표현해 주었을 것이다. 당신은 설교자가 당신을 잘 알고 있다고 느꼈을 것이다. 설교자는 당신에게 당신 자신을 설명해 준 것이다.

우리의 경험과 성도들의 경험에 공통되는 부분이 있다는 것을 보여 줄 때, 우리는 성도들의 관심을 사로잡을 수 있을 것이다. 예를 들어서, 설교자는 "챔피언 결정전에서 1할 5푼밖에 안 되는 타자는 라인업에 자기 자리를 가질 수 없습니다. 그런 선수는 어느 순번에 배치한다 하더라도, 그건 적절치 않습니다."라고 말할 수 있을 것이다. 만약 설교를 듣는 사람들이 스포츠를 알고 있는 사람이라면, 이 말이 무슨 뜻인지 알았을 것이다. 그런 경우라면 설교자는 듣는 사람들의 언어로 이야기하고 있는 것이다.

혹은 사역자는 코미디 프로의 한 대목을 인용하거나, 혹은 「비즈니스 위크」Business Week, 「월스트리트 저널」The Wall Street Journal 등의 내용을 사용할 수도 있다. 사업 경영자는 이런 내용들에 공감할 것이다. 분명 이런 목회자는 혼자서만 독점적으로 설교하는 것보다 무엇이 이득인지를 좀 더 잘 아는 목회자이다. 예화 등을 통해서, 설교자는 자신의 독서, 생각 그리고 삶에 대한 이해 등을 제시하고 보여 주어야 한다. 설교자의 삶의 일정 영역들이 설교를 듣는 사람들의 삶의 영역들과 겹칠 때, 청중들은 좀 더 잘 듣게 될 것이다. 설교자는 일종의 신뢰를 얻게 된다. 설교를 듣는 성도들의 삶과 연결되는 특정한 내용들을 사용하는 것도, 설교를 효과적으로 전달하기 위한 한 요소이다.

눈에 보이지 않는 성도들에 귀 기울여라

설교자가 청중과 효과적으로 관련성을 갖는 또 다른 방법은, 책상 앞에 앉아 설교를 준비할 때 그 주변에 예닐곱명 정도의 보통 사람들을 앉게 하는 것이다. 나는 설교를 준비할 때 마음속으로 그런 사람들이 지금 정말로 내 책상 주변에 모여 앉았다고 생각해 왔다.

이런 사람들 속에는 빈정거리는 말을 잘하는 사람도 앉아있다. 나는 내 설교 원고에 대해 생각할 때 종종 그런 사람이 한숨을 푹푹 쉬면서 "목사님, 지금 장난치시는 겁니까? 그런 설교는 경건한 정크푸드일 뿐이에요. 목사님은 도대체 어떤 세계에 살고 계시는 겁니까?"라고 말하는 것을 듣곤 한다.

또한 설교 준비 때 내 주변에 둘러앉아 있는 사람들 속에는 단순하게 모든 것을 잘 믿는 나이 많은 여성도들도 앉아 있는데, 이런 분들은 설교자와 설교 자체를 매우 진지하고 심각하게 받아들이는 분들이다. 설교를 준비하는 동안 나는 스스로 묻는다. "나는 이런 여성도분에게 적절한 질문을 제기하고 있는가? 내 설교가 이런 여성도분에게 도움이 될 것인가?"

    이 그룹 속에는 몸을 비비꼬면서 내 설교가 몇 분 동안 계속될 것인지를 묻는 십대도 있다. 만약 그런 십대로 하여금 내 설교에 대해 흥미와 관심을 갖게 할 수 있다면, 나는 설교가 좀 더 짧게 느껴지게끔 만들 수 있다.

    이혼한 홀어머니는 자기 상황으로 인해 압박감이나 좌절을 느끼거나 외로움에 빠져든다. 나는 그런 사람에게 무엇을 말할 것인가?

    지금껏 이야기한 이런 사람들은 내 주변에 둘러앉은 7명의 사람들 중 4명에 불과하다. 아직도 전혀 다른 3명의 사람들이 내 주변에 앉아있다. 나머지 다른 사람들 중에는 종교적인 용어들에 대해 전혀 이해하지 못하는 불신자도 있다. 이 사람은 교회에 나오기는 했지만 자신이 왜 교회에 왔는지 그 이유조차 모르는 사람이다. 또 다른 사람은 항만에서 일해서 먹고사는 노동자이다. 그는 노조 활동에 매우 열성이고 경영은 사기일 뿐이라고 생각하며, 화가 나면 욕을 해대고 목요일 밤의 풋볼 경기를 즐기는 사람이다.

    마지막 일곱 번째 사람은 흑인인 여성 교사인데, 자신은 흑인교회에 나가는 것을 더 좋아하지만, 남편이 백인교회에 나가는 것이 아이들에게 더 좋다고 생각하기 때문에 우리 교회에 나오는 사람이다. 이 여성도는 믿음이 있는 사람이기는 하지만, 삶에 대한 분노가 있는 사람이다. 이 여성도는 내 설교 중에 인종적인 언급들이 들어있거나, 혹은 여성에 대해 폄하하는 듯한 내용이 들어 있거나, 혹은 중산층적인 가치들을 성경적인 절대적 가치로 옷입혀 이야기하는 내용들이 있을 경우, 매우 민감하게 반응한다.

나는 때때로 내 주변에 앉아 있는 사람들 구성을 이렇게 저렇게 바꾸곤 한다. 하지만 그 모든 사람들은 내가 알고 있는 사람들이다. 그들에게는 이름이 있고, 얼굴과 목소리도 갖고 있다. 나는 그들 각자가 어떤 사람들인지 그들의 이력에 대해 잘 알고 있다. 그들은 잘 인식하지 못하겠지만, 그들 한 사람 한 사람은 내가 설교를 준비하는 데 있어서 매우 중요한 기여를 한다.

복합성을 인정하라

자, 이 문제를 다루어 보도록 하자. 삶은 복합적이다. 그런데 우린 종종 마치 그렇지 않은 것처럼 설교하곤 한다.

언젠가 내가 사랑에 관해 설교하고 내려왔을 때, 한 남자 성도가 나를 찾아와 이야기했다. "목사님은 다른 사람에게 가장 유익한 것을 주고자 항상 추구하는 것이 사랑이라고 말씀하셨습니다."

"그렇습니다."

"그건 좋은 말씀입니다. 하지만 제 직업은 이 교회의 다른 성도와 경쟁해야 하는 직업입니다. 저는 여러 효과적인 방식들을 통해서 제 물건들을 그 성도보다 더 값싸게 팔 수 있습니다. 사랑을 실천하려면 제가 뭘 해야 하는 겁니까? 그 사람보다 더 물건 값을 싸게 해서 그의 고객들을 데려와도 되는 겁니까? 아니면 물건 값을 그 사람의 물건 값과 대충 비슷하게 책정해야 하는 겁니까?"

내가 대답을 하기 전에, 그는 계속해서 이야기했다.

"하지만 이게 가장 힘든 부분은 아닙니다. 같은 물건을 파는 굉장히 큰 회사가 이제 막 우리 상업지구로 입주를 했습니다. 제가 하는 사업에서 살아남으려면 저는 굉장히 악전고투를 해야만 할 것 같습니다. 아마도 저는 물건 값을 더 깎아야만 할 것 같고, 이건 제 동료 성도를 파산에 이르게 할 것 같습니다.

저는 그 성도분을 사랑하기 원합니다. 우린 같은 주일학교에 속해 있고, 저는 리틀 리그에서 코치로서 그분의 아이들을 가르칩니다. 저는 그분에게 최상이 되는 일을 하길 원합니다. 그렇지만 결국 생존게임만 보일 뿐이네요." 이 성도는 이야기했다. "왜 목사님들은 사랑에 관해 설교할 때 이런 종류의 일들에 대해서는 이야기하지 않는 거죠?"

우리가 권위를 갖고 의사소통하기 위해서는, 우린 가정과 시장에서 기독교인들이 어떻게 살아가는지, 그들의 삶 속으로 들어가 봐야만 한다. 문제가 아무리 회색지대에 자리 잡고 있다 하더라도, 우리는 "목회자로서, 저는 그 어려운 문제들에 대해 이야기해야만 합니다."라고 기꺼이 말해야 한다. 설교를 함에 있어서 우리는 이슈들이 복합성을 갖고 있다는 점을 이해해야만 한다. 그렇다면 그 방법은 무엇인가?

첫 번째로, 긴장성이 있다는 점을 인정하고 그 사실을 단순하게 지적하는 것도 도움이 된다. 모든 진리는 긴장성 속에 자리 잡고 있다.

하나님의 사랑은 하나님의 거룩하심과의 긴장관계 속에 자리 잡고 있다. 능숙하게 사랑과 공의를 적용하는 것은 쉽지 않은 일이다.

나는 하나님이 정직한 시도와 노력들을 존중하신다고 믿는다. 사람들은 그 사실을 알 필요가 있다. 때때로 나는 우리가 올바른 동기 속에서도 잘못된 결정들을 내리곤 한다는 점을 지적할 것인데, 이런 모습은 잘못된 동기 속에서 올바른 결정을 내리는 것과 매우 다른 모습이다. 내가 알고 있는 한, 성경은 결코 어떤 행동에 대해서 그 자체가 올바른 행동이라고 규정하지 않는다. 그 어떤 행동도 동기와 유리된 채 올바를 수 없다. 성경이 잘못된 행동이라고 규정하는 명백한 행동들이 있다. 살인, 거짓말, 간음 그러나 올바른 행동에 대해서 이와 마찬가지로 규정하고 구별하는 일은 쉽지 않다.

예수님은 기도하러 성전에 올라갔던 두 사람(이런 행동은 선한 종교적 행동처럼 들린다)에 대해서 말씀하신다. 그러나 한사람은 의롭다하심을 받았고, 다른 한사람은 그렇지 못했다. 예수님은 구제하는 사람들(그리고 구제는 선한 일이다)에 관해서 말씀하신다. 그러나 어떤 사람은 다른 사람들에게 보이려고 구제를 한다. 이는 선하지 않다.

그러므로 하나님의 경제에 있어서, 동기는 핵심적인 요소이다. 우리 설교자들은 다음과 같은 내용에 대해서 권위를 가지고 사람들에게 말할 수 있다. "이런 상황들 속에서는 삶을 능숙하게 잘 조종하는 것, 올바른 결정을 내리는 것이 중요합니다. 그러나 좀 더 우선적이고 중요하게 판단하고 결정해야 할 부분은 도대체 무엇이 당신을 움직이게끔 동기부여하고 있는가에 관한 것입니다. 이런 상황 속에서 하나님의 대리자가 되고자 하고 있습니까? 이 상황에 포함된 사람들의 삶에 최상의 것을 줄 수 있는 것을 추구하고 있습니까? 종종 이런 결정들은 혼란스럽습니다. 우린 지혜가 필요합니다. 그리고 기독교인 친구들과 기독교 상담자가 당신에게 이런 지혜를 나눠 줄 수 있습니다."

권위를 가지고 말하라

설교자들은 당연히 단순히 "함께 힘들어 해주는 사람" 이상이 되어야만 한다. 그 누구도 "당신은 실패자입니다. 저도 실패자입니다. 함께 계속해서 실패합시다." 이렇게 말하는 사람으로부터 도움을 받지 않는다.

사람들은 당신이 당신 자신만의 충고와 조언을 할 수 있다고 믿고 싶어 하며, 비록 아직 그 목표점에 도착하지 못했다 하더라도 목표점에 도달하고 있는 중이라고 믿고 싶어 한다. 당신은 결코 1할 타자들을 바라보면서 3할 타자가 되는 방법을 배울 수 없을 것이다. 당신은 지금보다 더 타격을 잘하고 싶을 때 3할 3푼을 치는 타자를 연구한다. 비록 그런 타자도 삼진을 당하는 경우들이 있기는 하지만, 그런 타자는 어떻게 타격을 하는지를 잘 알고 있다.

마찬가지로 사람들은 지금 진행되는 힘든 문제들이 어떤 종류의 문제인지를 잘 알고 있는 사람에게서, 성경의 메시지를 진지하게 다루는 사람에게서, 어떻게 타격하는지를 알고 있는 사람에게서 조언 듣기를 원한다.

물론 우리는 성도들의 경험이나 필요들에 대해서 잘 알고 동감한다. 우리도 그들과 마찬가지 사람들이다. 그러나 우리의 임무는 일상적인 대화와는 질적으로 전혀 다른 말씀을 이야기하는 것이다. 효과적인 설교는 이 두 가지를 잘 조합하는 것이며, 또한 효과적인 설교는 사람들에게 자신들이 지금의 모습보다 더 나아질 수 있다는 소망을 준다.

이런 조합이 올바르고 적절할 때, 우린 권위를 가지고 설교하게 되는데, 이는 권위주의와는 전혀 다르다. 권위를 가지고 설교한다는 것은, 당신이 설교자로서 마땅히 해야 할 일을 해냈다는 것을 의미한다. 당신은 당신이 섬기는 성도들의 어려움들과 상처들을 알고 있다. 하지만 그뿐만이 아니라, 성경과 신학에 대해서도 알고 있다. 당신은 성경을 분명하게 설명할 수 있다. 설교자들은 사람들에게 성경을 지시해 주고 알려 줄 때, 권위주의에 빠지지 않는다. 빌리 그래함 목사가 "성경이 말씀하시기를……"이라고 설명할 때, 그는 자기 자신의 권위가 아니라 전혀 다른 권위(하나님의 말씀의 권위)에 의존하고 있는 것이며, 그는 그 권위가 어떻게 의미 있는 권위가 되는 것인지 보여 준다. 우리는 성경적인 설교를 할 때 우리의 신뢰성을 높일 수 있고 우리 신뢰성에 도움을 줄 수 있다.

반면에 권위주의자는 성경적인 내용에 대해서나 성경 외적인 내용들에 대해서 동일한 톤으로 이야기하는 사람이다. 주제가 미식축구에 관한 것이건 혹은 재림에 관한 것이건 간에, 동일한 확실성과 확신을 갖고 의견을 개진한다.

나는 내 아내 보니Bonnie가 어느 날 밤 내게 "당신은 너무 성경 근처에서만 맴돌아요. 정치에서부터 스포츠에 이르기까지 모든 견해들이 당신의 갈라디아서 설교 주변에서 비슷하게 맴돌아요."라고 말했을 때, 이 두 가지 사이의 차이점을 깨달았다. 권위주의가 되는 것은 너무나 쉬운 일이다. 순수한 성경적 권위가 없는 권위주의적 톤은 무의미한 소리와 분노일 뿐이다.

우리가 권위를 가지고 말할 때, 우리는 당황함 없이 매우 침착하게 성경의 메시지를 설교한다. 하지만 우린 삶에 믿음을 적용하는 방법을 언제든지 알고 있지 않다는 점도 성도들에게 밝혀 둔다.

묘사와 설명을 정확하게 하라

⋮

또한 권위는 엄연한 사실을 신뢰할 수 있게끔 제시하는 것과, 사실을 왜곡하거나 뒤틀지 않는 것을 통해서 온다. 우리가 한 성경 본문의 역사적 배경에 관해 설명하거나 혹은 예를 제시하고자 할 때, 묘사나 규정을 정확하고 분명하게 하는 일은 특별히 매우 중요하다.

나는 언젠가 뱀을 예로 제시한 적이 있었는데, 그때 뱀을 "끈끈하고 독이 있는 피조물"이라고 언급했다. 설교가 끝난 뒤, 한 여자분이 내게 다가와서는 "뱀은 끈끈하지 않습니다. 뱀은 물기가 없습니다. 그리고 대부분의 뱀들은 독성이 없습니다."라고 말했다. 그 여자분은 동물원에서 일하고 있었고, 그래서 내가 뱀에 대해 묘사한 내용 중 잘못된 부분을 지적했던 것이었다. 결과적으로 나는 그 여자분에게 내가 설교했던 나머지 부분들에 대해서 의심을 품을 수 있는 근거를 제공해 준 셈이었다. 정확성은 적대감을 갖고 있거나 혹은 좀 덜 호의적인 날카로운 청중들에게 필요한 부분이다. 이런 사람들은 당신의 사소한 실수와 잘못을, 당신이 말해야 할 나머지 다른 부분들을 귀담아 듣지 않을 이유와 근거로 삼을 것이다.

이런 위험성들이 도사리고 있다면, 우리가 전문적이지 않은 영역에서부터 예를 사용할 필요가 있을 때 우리는 어떻게 말해야 하는가? 나는 이 질문에 대한 대답을 최근에 들은 한 설교에서 얻었다. 그 설교자는 영국에서 온 설교자였는데, 야구에 대해 이야기하는 것을 통해 미국인 청중들과 동감을 이루고자 노력하고 있었다. 그는 "4루타"라는 말을 언급했다. 야구팬들은 4루타라는 말이 없다는 것을 알고 있다. 그건 홈런이다. 그의 실언을 이유로 그의 설교를 안 듣지는 않았지만, '저분은 야구를 모르시는군' 하고 생각했던 것은 기억한다. 이런 표현은 우리의 간격을 멀어지게 했다. 그 설교자의 신뢰성이 손상을 입은 것이다.

그 설교자는 그저 단순하게 자신이 야구를 잘 모른다는 것을 인정하는 것을 통해 이런 어려움을 한켠으로 치워낼 수 있었을 것이다. "여러분, 저는 야구에 대해서는 잘 모릅니다. 하지만 야구 경기 보는 것은 좋아합니다. 제가 지난번에 야구를 보았을 때, 바로 이런 일이 일어났습니다." 이렇게 말하는 것을 통해서 말이다. 그러면 사람들은 그 설교자가 이 이슈에 대해 권위를 가지고 이야기하고자 하는 것이 아니라는 것을 이해하며, 또한 청중은 이 부분에 대해 설교자가 좀 부정확한 용어들로 이야기할 수도 있다고 수긍할 것이다.

내가 처음으로 달라스신학교에서 가르치기 시작했던 몇 해 전에, 나는 동료 교수인 찰스 라일리Charles Ryrie에게 조언을 해 달라고 부탁했던 적이 있었다. 그분은 이렇게 대답했다. "교수님이 자신의 견해에 동의하지 않는 누군가의 생각에 관해 이야기하실 때마다, 바로 그 반대 의견을 갖고 있는 분이 교수님 수업 시간에 참여해서 교실에 앉아 있다고 상상하세요. 그래서 반대 의견을 갖고 있는 분이 '맞습니다, 그게 바로 내가 믿고 있는 바입니다'라고 말할 수 있도록 하는 그런 방식과 내용으로 반대 의견에 관해 이야기하세요."

교실에서 어떻게 해야 하는지에 관한 이 조언은, 강단에 적용해도 매우 훌륭한 조언이다. 다른 누군가의 입장이나 생각에 대해서 그 사람 본인이 부정하거나 동의하지 않는 방식이나 내용으로 특징화시키고 이야기하는 것은 정직하지 못한 일이다. 나와 다른 견해를 갖고 있는 사람에 대해서 좀 더 정확하고 공정하게 대하는 일도 우리의 신뢰성을 증가시켜 준다.

인격을 제시하라

아마도 교회 리더들에게 있어서 권위와 신뢰성에 기여해 주는 요소 중 진정한 기독교적 인격보다 더 적절하고 중요한 요소는 없을 것이다. 이 요소를 아리스토텔레스는 에토스^{ethos}라고 불렀다. 신약 성경의 용어로 말하자면, 성숙하고 고상한 모습이 되는 것이라 할 수 있다. 이는 당신이 어떤 사람이며 누구인가에 관한 것인데, 이점은 당신이 무엇을 하는가보다 항상 더 중요한 요소이다. 강단에서 신뢰를 얻기 원한다면, 진실한 인격에 있어서 성도들의 기대에 부응해야만 하는 것이 요즘의 현실이다.

하지만 이런 신뢰성은 성도들이 목회자의 인격을 인식하고 깨닫는 방식을 통해 주어진다는 점이 매우 어렵다. 한 사람의 목회자가 진정한 사람 됨됨이와 성도들이 인식하고 바라는 모습이 일치할 수도 있고 혹은 일치하지 않을 수도 있기 때문에 어려운 것이다.

어떤 목회자들은 그리스도와 목회 사역에 깊이 헌신되어 있음에도 불구하고 그들의 진정한 인격과 특징을 감추는 방식으로 자신들을 포장하기도 한다. 어떤 남성 목회자는 매우 담대한 사람임에도 불구하고 성도들에게는 연약한 사람인 것처럼 인식될 수도 있다. 또 다른 목회자의 경우, 매우 깊은 확신들을 갖고 있는 사람임에도 불구하고 게으르거나 혹은 지루한 사람인 양 여겨질 수도 있다. 사람들이 우리의 인격, 영적 생활, 지적 생활, 그리고 가족 생활에 대해서 어떻게 생각하고 인식하는가는 우리 사역에 그들이 어떻게 반응하는가와 매우 밀접한 상관성을 갖고 있다.

목회자가 자신의 내적 확신이나 내적 모습들을 그에 적합하고 잘 부합하는 모습으로 보여 주고 제시해 주는 능력은 효과적인 설교를 위해서 매우 중요한 부분이다. 우리가 제시하고 보여 주는 이미지는 우리의 신뢰성에 영향을 끼칠 것이다. 강단에서 외적으로 드러내 보이는 모습은 성도들이 반응하는 방식에 영향을 줄 것이다. 예를 들어서 나는 제자도의 중요성과 기독교인의 삶에 있어서 질서가 매우 중요하다는 내적 확신을 갖고 있다. 나는 어떻게 나 자신을 이런 확신들과 잘 부합하는 모습으로 드러내고 보여 줄 것인가? 설교가 시작된 후 약 30초 정도 동안에, 성도들은 설교를 들을 것인지 말 것인지를 결정짓는다. 하나님은 중심을 보시지만, 현대 문화 속의 청중들은 외적인 모습들을 본다. 혹시 내가 머리가 부시시한가? 신발이 더럽지는 않은가? 내가 표준 체중에서 30kg 이상 과체중인 상태라면, 성도들은 내가 자신을 훈련하는 일에 관심이 없다고 생각하거나 혹은 내가 자신을 잘 돌보지 않는다고 판단할 것이다.

오랜 기간 동안 사역을 했을 경우엔, 목회자가 좀 더 자기 자신의 실제 모습을 성도들에게 더 잘 인식시킬 수 있는 기회를 가질 수 있다는 장점을 분명하게 갖는다. 오랫동안 사역한 목회자는 어떤 특정한 외모보다는 그의 실제 행동 패턴을 통해 판단된다. 사람들은 "저 목사님은 사랑에 대해서 말씀만 하시는 게 아니라, 실제로 사랑을 베푸셔. 우리가 목사님이 필요할 때, 우리 집안에 문제가 있을 때, 목사님이 함께하셨어"라고 말한다. 돌봄이라는 패턴은 찬란하지 못한 많은 설교들을 덮어 주곤 한다.

물론 이와는 다른 측면에서 우린 우리의 삶을 새롭게 인식시키기 위해 우리가 무언가를 해야만 할 때도 있는데, 이것 역시 시간을 요한다. 내가 알고 있는 한 목회자는 한 모임에서 그만 분을 이기지 못해 화를 내면서 거친 말들을 했다. 몇 달이라는 시간이 흘렀지만 아직도 그가 강단에 서면 몇몇 사람들은 몇 달 전에 그가 했던 말들을 마치 녹음기 틀어놓듯 마음속에 켜 놓곤 한다. 또 다른 어떤 목회자도 비슷한 상황을 만났는데, 그는 자신이 분노한 것에 대해서 공개적으로 사과하고 용서를 구했고, 용서를 받았다. 이 경우에 사람들은 강단에 서 있는 그 목회자를 보면서 그도 사람이라는 사실과 또한 그가 성실함을 갖추고 있다는 점을 깨닫게 되었다.

생각해 봐야 할 질문들

1. 시대가 변하면서 사람들이 목회자를 바라보는 관점은 어떻게 변했는가?
2. 설교자는 설교를 듣는 청중들의, 드러나지 않고 표현되지 않은 감정들을 어떻게 잡아내고 포착할 수 있는가?
3. 당신은 매주 설교 준비를 하는 당신의 책상 주변에 어떤 사람들 예닐곱 명을 앉게 할 것인가?
4. 성경 본문에 긴장성이 있다는 것을 인정하면 어떤 유익이 있는가?
5. 인격은 어떤 방식으로 설교에 영향을 미치는가? 인격은 설교에 있어서 어떤 점에서 중요한가?

참고도서

Craddock, Fred B. *Overhearing the Gospel* : Abingdon, 1978.

Dodd, C.H. *The Apostolic Preaching and Its Developments*. 1936. Reprint : Baker, 1980.

Jabusch, Willard F. *The Person in the Pulpit: Preaching as Caring* : Abingdon, 1980.

Luccock, Halford E. *In the Minister's Workshop*. 1944. Reprint : Baker 1976.

Stott, John R. W. *The Preacher's Portrait* : Eerdmans, 1961.

3. 미국 목회자들의 프로필

이단들은 머리기사를 장식한다. 어떤 사역자가 공개적으로 자신이 섬기는 교회의 근본적인 교리들을 부인하면, 그건 기삿거리가 된다. 만약 여성 사역자가 공개적으로 동성애를 지지하고 나서면, 리포터는 그런 내용 덕에 신문이 많이 팔린다는 사실을 잘 알고 있다. 그러나 그저 교회 주보에만 이름이 올라 있는 보통의 평범한 목사들은 어떠한가? 그런 목사들은 무엇을 믿고 있을까? 어떤 삶의 스타일을 자신의 삶을 통해 입증해 보이고 있을까? 사역에 대해서나 오늘날의 사회 윤리적 이슈들에 대해 어떻게 생각하고 느낄까?

현대의 경영 원리는 이렇게 선언한다, "우리가 믿는 하나님에 대해서, 모든 사람들이 지식을 가져야만 한다." 앞에서 제시했던 질문들에 대한 답을 찾아볼 수 있는 데이터를 모으기 위해, 크리스채너티투데이지는 갤럽과 프린스턴 종교 리서치센터 Princeton Religious Research Center에 미국 목사와 관련된 조사를 의뢰했다. 개신교 사역자들 중

1,060명이 무작위로 선정되었고, 그들에게 45항목의 질문을 보냈고, 메일을 통해 답변을 받았다. 이와는 별도로, 998명의 로마 가톨릭 성직자들도 똑같은 질문지에 응했다. 이 설문에 참여한 개신교 목사의 교파 분배는, 현재 다양한 교파에서 사역하는 실제 목사의 숫자 비율에 따라 결정되었다. 응답자들은 침례교회가 17퍼센트, 감리교회가 14퍼센트, 루터교회가 12퍼센트, 장로교회가 9퍼센트, 연합교회United Church of Christ가 4퍼센트, 영국국교회가 3퍼센트 등이었다. 그리고 다른 종교 구성체들의 성직자들도 표본으로 참여했는데 몰몬교, 동방정교회 등 몇몇 소수의 집단들에 대해서도 각기 1퍼센트나 혹은 그 이하로 설문에 참여했다.

이 연구에 의하면, 대부분의 개신교 목사는 상대적으로 소규모 교회에서 성도들을 섬기고 있다. 단지 12퍼센트의 목사들만이 1천명이나 그 이상 규모의 교회에서 사역하고 있으며, 반면 절반 이상의 목회자들이 300명 이하의 교회에서 성도들을 섬기고 있다고 응답했다. 사역자를 "설교자"라고 부르는 성도들은 목사들에게서 영적인 도움을 받는다. 목회 사역중 가장 중요한 활동으로 무얼 생각하냐는 질문에 대해서, 목사들 중 56퍼센트가 설교라고 응답했으며, 그 다음으로는 15퍼센트의 응답자들이 성례전 집전이라고 응답했다. 그렇다고해서 목사들이 자신들의 설교가 효과적이라고 생각한다는 의미는 결코 아니다. "어떤 프로그램이 귀교회에서 특별히 성공적이었습니까?"라는 질문에 대해서는, 10퍼센트 미만의 목사들만이 설교라고 응답했다. 세 번째로 많이 선택된 대답은 "성례-예배"였다. 복음주의자들

가운데 주로 젊은 사역자들이 이렇게 대답하였다.

목사들의 믿음과 신조

미국 목사들은 자기 자신을 신학적으로 구분할 때, 자유주의보다는 보수주의로 구분하는 경향이 있었다. 절반이 넘는 53퍼센트가 자기 자신을 복음주의자라고 답변했다. 20퍼센트가 넘는 목사들은 근본주의자라고 대답했다. 3분의 1은 "전통적인 고백주의"라고 대답했다. 10퍼센트 정도의 목사들만이 "은사중심적(카리스마틱한)"이라고 답했다. 그리고 단지 15퍼센트만이 "자유주의"라고 답했고, 8퍼센트는 "신정통주의"라고 답했다. 복음주의자들안에서는, 55퍼센트가 자기 자신을 철학적으로 보수적이라고 답한 반면, 37퍼센트는 "중도"로 생각했고, 자기 자신을 "자유주의"로 생각한 복음주의자들은 6퍼센트 정도에 불과했다. 게다가 목회자들은 자신이 보는 자신의 모습과 성도들이 보는 자신, 즉 목회자의 모습이 같을 것이라고 확신하였다.

교리에 있어서는 이 조사 연구 전체를 통해 보수적인 입장이 강하게 나타났다. 열 명 중 일곱 명의 사역자들은 "성경은 하나님의 말씀이며 그 서술이나 가르침에 있어서 오류가 없다"라고 믿었다. 복음주의자들 중에서는, 95퍼센트 이상의 목사들이 이런 입장을 받아들인다. 30세 이하의 목사들이 연장자들보다 성경에 대해 이런 관점을 갖는 경향을 더 두드러지게 보인다. 사실 이 연구 전반을 통해서 젊은 사람들이 연장자들인 동료 목사들보다 좀 더 전통적이고 신학적으로 보수적인 입장을 갖는 것으로 나타난다. 가톨릭의 경우에 있어서도, 개신교 만큼이나 성경에 대해 이와 같이 높은 가치를 두는 입장이 많았다. 하지만 가톨릭과 개신교는, 종교적 신념이나 신조에 관한 항목들에 있어서는 중요한 차이점들을 드러낸다. 76퍼센트의 개신교 목사들이 그들 권위의 핵심적인 요소로 성경을 언급하는 반면, 가톨릭 성직자들은 77퍼센트가 "교회가 말하는 것을 통해서" 자신들의 믿음을 표현한다고 대답했다. 그리스도의 위격에 관한 질문에서 응답자들은 매우 정통주의적인 답변을 하였다. 목사들 대다수(87퍼센트)가 "예수 그리스도는 완전한 하나님이시며 완전한 사람이시다."라고 믿는다고 답했다. 가톨릭 성직자들은 실질적으로 이 교리적인 확신에 대해 만장일치였다. 부정적으로 접근해 본 질문인 "예수 그리스도는 하나님이 아니거나 하나님의 아들이 아니라, 위대한 종교적 교사이다."라는 질문에 대해 그렇다고 응답한 사람은 단 1퍼센트에 불과했다. 그리스도의 신성과 인성에 관한 이와 같은 강력한 확신에서 유일하게 중요한 일탈을 보인 것은 감리교였다. 감리교 목사 중 30퍼센트는 "예수 그리스도는 사람이었지만, 하나님이 그를 통해 역사하셨다는 점에서 거룩하다. 그분은 하나님의 아들이었다."라고 생각한다고 답했다.

개신교와 가톨릭 모두 사역자들의 99퍼센트가 죽음 이후의 생명에 대해 믿고 있으며, 열 명 중 여덟 명은 "하나님 나라에 대한 소망은 오직 예수 그리스도에 대한 인격적인 믿음을 통해서만 가질 수 있다"라는 확신을 갖고 있었다. 종교개혁이라는 이슈는 여전히 개신교와 로마 가톨릭이 서로 다른 견해를 갖고 있으며, 가톨릭 성직자의 61퍼센트는 "하나님 나라는 선한 삶을 산 사람들에게 하나님이 주시는 상급이다."라고 믿고 있다.

보수주의적인 경향은 다음 항목에서도 계속해서 나타나는데, 상당히 많은 수의 목사들이 사단을 인격적인 실체로 믿고 있다. 가톨릭 성직자들, 남침례교 목사들 그리고 50명 이상의 사람들이 다른 사람들보다 이 부분에 대해 좀 더 견고한 확신을 갖고 있었다. 이 항목에서도 감리교 목사들의 견해는 소수의 의견이었다. 대략 다섯 명 중 한명꼴로 사단이 인격체의 모습으로나 혹은 사람들의 삶에 영향을 끼치는 악한 권세로 존재한다고 믿지 않았다.

학교에서 진화론을 가르치는 상황에 관해서는, 57퍼센트의 목사들과 일반 대중의 절반 이상이 여전히 "하나님이 아담과 하와를 창조하셨고, 이것이 인류의 시작이다."라고 믿고 있는데, 이는 중요한 부분이다. 이 부분에 있어서도 젊은 목사들이 나이 많은 목사들보다 창조론을 받아들이는 경향이 좀 더 강했다. 하지만 가톨릭 성직자들은 이 질문에 대해 개신교와는 사뭇 다른 반응을 보였다. 가톨릭 성직자의 3분의 2 이상이 다음과 같은 진술에 동의했다. "하나님이 인간을 포함한 모든 생명체 진화의 순환을 시작하셨고, 시간 속에 개입하셔서 인간을 하나님의 형상으로 변형시키셨다." 창조와 진화는 복음주의자들을 나누어 놓는다. "자유주의"적인 복음주의자들은, 자신을 "보수주의" 혹은 "중도"라고 생각하는 복음주의자들보다 훨씬 더 진화론의 입장을 채택하는 모습을 보였다.

열 명 중 여덟 명의 목사가 "종교적 경험"을 가진 적이 있다고 밝혔지만, 그러나 그 경험은 어느 정도 그들 자신의 종교적 신념 등과 연관되어 있다. 예를 들어서, 개신교 목사들은 가톨릭 성직자들보다 훨씬 더 많이 그런 경험을 가졌다고 대답했으며, 또한 그런 경험을 가졌다고 대답한 숫자에 있어서 침례교회 목사들이 루터교회 목사들보다 두 배 가량 더 많았다. 종교적 경험을 한 적이 있다고 기록한 목사들에 있어서, 열 명 중 아홉 명 이상은 그런 경험이 예수 그리스도와 관련되어 있다고 대답했으며, 또한 네 명 중 세 명은 그런 경험이 예수 그리스도를 그들의 인격적인 구주로 받아들이는 터닝 포인트와 연관된 것으로 생각하였다. 종교적 경험을 보고한 대다수의 목사들이 이런 경험이 그들에게 지속적으로 중요한 의미를 갖고 있다고 생각한 반면, 가톨릭 성직자들과 루터교회 목사들은 그런 경험이 회심과 일반적인 연관성을 갖고 있는 것은 아니라고 하였다.

개인에 대한 강조

목사의 개인적인 삶은 어떠한가? 사역을 떠난 목회자들과 사제들에 관한 보고서들은, 많은 수의 사람들이 십자가를 졌으나 결국 중도에 포기하고 말았다는 사실을 증언한다. 하지만 이 연구에 의하면, 열 명 중 오직 세 사람 정도만이 사역을 떠나는 것에 대해서 "종종" 혹은 "가끔씩" 생각했다고 표시한 것으로 나왔다. 이와 비슷한 숫자의 사역자들은 자신들은 사역을 그만두는 것에 대해 "결코" 생각해 본 적이 없다고 대답했다. 가톨릭 성직자들은 다른 사람들에 비해서 이런 가능성에 대해 좀 덜 흔들리는 경향을 보인다. 자신의 개인적인 삶에 대해서는, 목사들 중 절반 이상이 자신이 대부분의 경우 도덕적이고 윤리적인 기준들에 부합하게 살고 있다고 생각하거나 느끼고 있었다. 세 사람 중 한 사람 정도가 자신의 기준에 부합하게 살고자 노력하지만 어려움을 느낀다고 인정했다. 하지만 자신이 갖고 있는 기준에 부합하게 삶을 살아가는 것이 불가능하다고 생각하는 사람은 거의 없었다.

목사가 실제로 유혹을 통해 공격 받을 때, 목사들은 자기 주변의 사회 탓이라고 여기지 않았다. 오직 2퍼센트의 목사들만이 "오늘날 문화 속에는 내 기준을 적대시하는 일들이 너무 많아서 종종 옳다고 생각하는 대로 사는 것이 불가능하다고 느낀다."라는 항목에 체크했다. 목사들은 일반 대중들보다 알콜과 관련 문제에 대해 위협감을 조금 덜 느끼는 듯했다. 일반인들은 세 명 중 두 명이 음주를 하는 반면, 목사의 경우 절반 이하의 숫자만이 음주를 했다. 복음주의자들 가운데서는, 네 명 중 세 명이 완전히 금주하는 목사들이었다.

목사는 이 세상을 그들의 교구로 바라볼까, 아니면 교구를 목사들의 세상으로 바라볼까? 한편으로는, "어떤 목회 활동이 '가장 적은 만족'을 주는가"라는 질문에 대해, 28퍼센트가 "공동체에 대한 섬김"(모든 항목들 중 가장 낮은 항목으로는 행정이 손꼽혔다)을 선택했다. 그러나 대부분의 목사들은 "성도들이 예수 그리스도를 위하여 세상을 이기도록 돕는 일"이 기독교인에게 있어서 가장 중요한 우선 순위가 되어야만 한다는 데 동의한다. 감리교회 목사들과 자유주의적인 목사들은 이런 우선 순위에 대해 덜 확신하는 모습이기는 하지만, 이 확신은 여전히 이 두 그룹의 목사들에게도 마찬가지로 주도적인 견해로 자리 잡고 있다. 세 명중 두 명의 응답자들이 교회가 사회 개혁보다는 개인적인 부분에 좀 더 집중해야만 한다고 말한다; 세 명 중 다른 한 명은 두 영역에 대해 마찬가지로 강조점을 두어야 한다는 입장을 표명한다. 오직 2퍼센트만이 사회 개혁에 교회의 우선적이고 중추적인 관심을 두어야 한다고 대답했다. 이런 반응들은 전략적인 측면에 기인하는데, 사역자들 다섯 명 중 네 명이 그렇게 선택한 이유로, 개인적인 갱신이 일반적으로 사회적인 개혁을 이끌어내기 때문이라고 하였다. 자유주의적인 목사들 가운데서조차도, 우리가 사람들을 새롭게 한다면 우리는 사회도 새롭게 할 수 있다는 반응이 4분의 1정도를 차지했다.

개인에 대해 이렇게 강조한다고 해서, 교회가 정치에는 아무 상관도 없다는 견해를 반드시 함축하는 것은 아니다. 이 질문을 받은 네 명 중 세 명은, 정치-경제적인 문제들에 대해서 하나님의 뜻이라고 믿으며, 자신들이 믿고 느끼는 바에 대해 종교적 기관들이 공식적인 입장을 취해야만 한다고 확신한다. 이 점에 대해서는 가톨릭 성직자들이 개신교 목사들보다 좀 더 빈도수가 높으며, 젊은 사역자들이 나이 많은 목사들보다는 정치적 표현에 있어 빈도수가 떨어지고 관심을 덜 갖는 경향을 보인다. 또한 목사들 중 인상적으로 많은 숫자의 사람들이 '종교 기관들은 자신들이 문제들이 대해서 입법활동을 통해서 법률이 되게끔 의원들과 대표자들을 설득하고자 노력해야만 한다.'는 응답을 했다.

그럼에도 불구하고, 정치-경제적인 이슈로 목사들이 함께 모여야 한다면, 목사들은 어떤 법률 제정을 압박해야 하는지에 대해 의견을 모으지 못할 것이다. 예상할 수 있는 바는, 목사들은 일반적으로 대중들보다 대체로 좀 더 보수적인 입장을 갖고 있다는 점이다. 예를 들어서, 단지 3퍼센트의 목사들만이 임산부의 유산을 "어떤 조건에서건 수용할 수 있다."라고 답한 반면, 일반 대중들은 13퍼센트가 이 문구를 채택하고 받아들였다. 또한 특별한 상황에서의 유산 문제에 대해서도 목사들은 의견이 나뉜다. 80퍼센트 이상의 개신교 목사들은 유산이 "어떤 특정한 상황에서는 받아들일 수 있는" 일이라고 느끼는 반면 가톨릭 성직자들의 경우 단지 4분의 1 정도만이 이런 입장을 수용한다. 대부분의 가톨릭 성직자들은 어떤 상황과 조건에서도 유산은 받아들일 수 없다고 주장한다.

성(性)적 이슈들과 사회

대다수(84퍼센트)의 조사 대상자들이 결혼 이전의 성관계는 잘못된 것이라고 믿고 있었다. 반면 일반 대중들의 경우에는 단지 절반 정도만이 그렇게 보고 있다. 가톨릭 성직자는 이 문제에 대해서 개신교 목사보다 좀 더 엄격하게 바라보았다. 그리고 보수적인 목사들이나 혹은 중도적인 목사들이 가톨릭 성직자들보다 이 문제를 더욱 엄격하게 바라보는 관점을 갖고 있다. 그러나 자유주의적인 목사들 사이에서는 네 명 중 한 명꼴로 결혼 이전의 성관계를 문제없는 것으로 받아들인다. 혼외 성관계에 대한 문제에서 목사들은 대체적으로 좀 더 단일화된 입장을 견지하는데, 96퍼센트의 목회자들이 혼외 성관계를 옳지 않다고 주장했다.

목사들은 또한 이혼 문제에 대해서도 일반 대중들보다 좀 더 보수적인 것으로 드러났다. 사역자들의 지배적인 입장은, "이혼은 극단적인 상황을 제외하고는 피해야만 한다."라는 것이다. 이와는 달리 일반 대중들의 지배적인 견해는 "이혼은 고통스러운 일이지만, 불행한 결혼을 유지하는 것보다는 나은 일이다."라는 것이다. 이 이슈에 대해서 가톨릭과 개신교 목사들은 비슷한 견해를 갖는다. 이혼에 대해 가장 엄격한 견해를 고수하는 사람들은 30세 이하의 사역자들이다. 거의 다섯 명 중 한 명 정도가 "이혼은 어떤 상황에서건 반드시 피해야만 한다."라고 느낀다.

그렇다면 이혼 이후의 재혼에 대해서는 어떠할까? 일반인들은 대체로 세 명 중의 한 명꼴로 "이혼 이후의 재혼은 항상 수용할 만한 일이다."라는 항목에 동의했지만, 목사들은 열 명 중 한 명 정도만이 이 항목에 동의했다. 37퍼센트의 목사들은 다른 항목인 "이혼 이후의 재혼은 이유여하와 상관없이 이전 배우자와의 화해가 불가능할 경우에 가능하다"라는 항목을 선택했다. 놀랍게도 가톨릭 성직자 중 22퍼센트가 이런 입장을 견지했다.

공동체 안의 빈곤 문제에 대해 무엇을 해야만 하는지에 관해 물었을 때, 일반인들은 열 명 중 두 명은 세금을 내는 것 이외엔 아무 의무감을 느끼지 않는다고 답했다. 열 명 중 또 다른 두 명은 교회나 정부기관으로 하여금 가난한 사람들을 돕도록 설득해야 한다고 답했다. 그리고 열 명 중 또 다른 세 명은 이런 기관들에 기부를 할 의사가 있다고 답한다. 열 명 중 오직 두 명만이 자신들이 개인적으로나 직접적으로 빈곤 문제에 관여해야 한다고 믿는 것으로 답했다.

목사들은 일반인들과 이 부분에 있어서 분명한 대조를 보여 준다. 목사들 3분의 1은 자신들이 개인적으로 가난한 사람들의 문제에 관여해야만 한다고 표시했으며, 또 다른 3분의 1의 목사들은 자신들에게 교회나 종교 기관 그리고 정부 기관들이 그런 사람들을 돕도록 설득해야 할 책임이 있음을 느낀다고 답했다. 위와 같은 비율의 목사들은 자신들이 종교 기관이나 공동체 기관들에 기부를 해야 한다고 생각하는 것으로 나타났다. 그저 세금만 내는 것으로 충분하다고 느끼는 목사는 단지 1퍼센트 미만이었다. 목회자들의 대답에서 좀 더 인상적인 부분은, 목사가 일반인들보다 훨씬 더 많이 가난한 사람들과 자신을 연관시킨다는 점이다. 목사들은 가난한 사람과 더불어 일하고, 가난한 사람들을 돕는 기관들에 기부나 참여를 하고, 다른 사람들을 이 문제에 관여하도록 설득한다. 일반인들 중 27퍼센트가 공동체의 빈곤 문제와 관련해 아무 일도 한 것이 없다고 대답한 반면, 사역자들은 단지 1퍼센트만이 그렇게 대답했다.

결론
:

분명히, 크리스채너티 투데이와 갤럽 그리고 출판사의 그 어떤 구성원도 미국 목사에 대해 아무런 이상형을 전제하지 않았다. 사역자들(그룹으로서)은, 신학적인 질문들이나 윤리적인 문제들에 대해서 신문 독자들이 생각하는 것보다는 훨씬 더 보수적인 입장을 견지했다. 사역자들은 결코 뾰족탑 위에서 살고 있지 않았다. 예상보다 많은 숫자의 목사들이 그들 주변의 궁핍한 사람들을 개인적인 차원에서 돕는 일에 참여하고 있었다.

앞으로 몇 달이나 몇 년에 걸쳐서, 이 조사와 연구는 각각의 항목들과 부문별로 연구될 것이고, 목사들의 생각과 행동들은 세부적으로 분석될 것이다. 이런 연구들을 통해서 오늘날의 교회 지도자들과 미래의 역사학자들은, 사역자들이 가지고 있는 입장이 어떠한지 분명히 이해하게 될 것이다.

생각해 봐야 할 질문들

1. 당신은 목사들이 갖고 있는 신조들이 어떤 방식으로 설교에 영향을 미친다고 생각하는가?
2. 현재의 몇몇 문화적 가르침들은 당신의 믿음과 어떤 갈등을 빚는가? 그리고 당신은 설교를 하면서 그런 문제들을 어떻게 처리하고 다루는가?
3. 개인에 대한 강조는 설교에 있어서 어떤 의미를 갖는가?
4. 로빈슨이 논의한 성(性)적인 이슈들과 사회적 관심들에 대해 생각해 보면서, 당신이 직면하는 이슈는 무엇인가?
5. 갤럽 등에서 조사했던 항목들에 대해 당신이 답해야 했다면, 무엇이라고 응답했겠는가?

참고도서

Hansen, David. *The Art of Pastoring: Ministry Without All the Answers* : Inter Varsity, 1994.

Packer, J. I. *A Quest for Godliness* : Crossway Books, 1990.

Peterson, Eugene H. *The Contemplative Pastor* : Leadership/Word Books, 1989.

Swetland, Kenneth L. *The Hidden World of the Pastor: Case Studies on Personal Issues of Real Pastors* : Baker, 1995.

Willard, Dallas. *The Spirit of the Disciplines: Understanding How God Changes Lives* : Harper, 1988.

4. 힘겨운 상황 속에서의 설교

내가 덴버신학교의 총장이었을 때, 이 학교는 1980년대 말에 세 가지 소송에 휘말렸다. 그 중 한 가지는 이전 학생이 한 소년을 성희롱했던 문제에 대해, 그 소년의 가족들이 신학교를 상대로 소송한 것이었다. 나머지 두 가지 소송들은 이전의 한 교수와 피상담자가 부적절하게 얽힌 문제와 관련된 소송들이었다. 나는 이 소송들 중 하나에 대한 조서를 제출해야만 했다. 나는 무슨 일이 일어날지 전혀 몰랐지만, 별다른 걱정을 하지 않았다. 나나 학교는 부적절하게 행동한 것이 아무것도 없었기 때문이었다. 나는 조사를 받고 조서를 작성하기 위해 변호사와 함께 방으로 들어갔고, 거기에서 검찰 측 사람들 4명을 만났다.

질문이 시작되었고, 나는 끔찍한 상황을 이내 알아차렸다. 책상을 가로질러 앉아있었던 네 명의 검찰 측 사람들은 냉철했던 반면 우리 측 변호사는 전혀 준비가 되어있지 않았다. 우리 측 변호사는 당시 이런 종류의 소송은 처음으로 다루어 보는 애송이 변호사였다. 검찰 측이 늑대들이었다면, 우리 측 변호사는 한 마리 양에 불과했다. 우리들은 이 조사에서 일어날 일들에 대해 전혀 준비되어 있지 않았다.

얼마 지나지 않아서 나는 이런 조사 이면에 법률적 전략이 있음을 알게 되었다. 검찰 당국은 설사 당신이 무죄하다고 하더라도 소송이 재정적인 파멸을 가져올 수 있다는 점을 알고 있다. 보험회사들은 배심원들에 대해서 신중하며, 설령 당신이 소송에서 이긴다 하더라도 10만불 정도를 지불해야한다는 그런 입장이다. 그래서 보험회사들은 종종 유죄나 무죄 여부와 상관없이 법정에 가기 전에 문제를 해결하고자 하곤 한다. 이런 모든 일들이 심문과 조사 과정에서 일어난다. 검찰 측이 당신을 위협하고, 당신의 약점들을 들추어내서, 당신이 법정에 가지 않고 해결하기를 원하게 만드는 곳이 바로 조사실이다. 내 경우에, 검찰 측은 이 일을 잘 수행했다.

나에 대한 조사는 이틀에 걸쳐 계속되었다. 첫날 검찰은 계속되는 질문을 통해 아홉 시간 동안 나를 엄중하게 조사했다. 부정적인 측면에서 내 대답을 얻어 낼 수 있는 모든 질문을 하고, 내 동기들을 뒤틀어 보고, 내 성실성에 대해 의문을 제기하면서 말이다.

그날 이후 나는 그런 조사를 이미 견뎌낸 다른 사람들에게 나의 경험을 이야기했고, 그들은 자신들이 살면서 경험한 가장 안 좋은 경험이 바로 그런 조사를 받은 것이었다고 이야기했다. 그건 나에게도 분명 그러했다.

하지만 이건 그저 시작에 불과할 뿐이었다. 어느 시점에 다다르자,

신학교의 보험회사에서는, 학교규정에 의하자면 내가 보험을 통해 혜택을 받을 수 없게 되어 있다고 이야기했다(나는 또 다른 소송에 이미 이름이 올라 있었다). 어느 시점이 되자 내 변호사(나의 새로운 변호사!)는 "검찰 측은 당신에 대해 별다른 수확을 거두지 못했습니다."라고 이야기했다. 하지만 그는 그날 법정에서 무슨 일이건 벌어질 수 있다는 것을 알고 있었고, 그래서 십 분 후에는 내게 "모든 재산을 당신 아내 이름으로 옮겨 놔야만 합니다."라고 조언했다.

나는 물어보았다 "그렇게 하면 내 재산들을 보호할 수 있습니까?"

"아니오, 검찰 측은 그렇게 해도 당신 재산들에 손을 댈 수 있습니다. 하지만 명의를 옮겨 놓으면 그렇게 하는 것을 더 어렵게 만들 수 있습니다."

그래서 우린 은퇴 적금을 몽땅 다 아내의 명의로 옮겨야만 했다.

반면, 학교의 이전 직원이었던 사람은 나에 관한 거짓말들을 여기저기 옮기고 다녔고, 이 일은 내 명예에 손상을 주었다. 나는 대처할 만한 적절한 방법이 없었다.

이 몇 달 동안 나와 내 아내가 당했던 고통은 정말이지 우리를 황폐하게 만들었다. 솔직히 말하자면, 나는 이런 일들에 대해 적절하게 잘 대처하지 못했다. 마치 사도 바울이 그랬듯이, 나는 "밖으로는 다툼으로 인해, 안으로는 두려움으로 인해" 힘겨워 했다. 하지만 나는 이미 수개월 전에 미리 계획을 잡아놓았던 대로 채플과 컨벤션 그리고 교회들에서 계속 설교해야만 했고, 이후에는 메사추세츠에 있는 은혜 교회 Grace Chapel에서 잠시 설교를 맡아야만 했다.

모든 목회자들은 고통을 겪으면서도 설교를 해야만 하는 그런 시간들을 경험한다. 우리는 설교하고 싶지 않을 때 어떻게 설교하는가? 당신이 마음이 산란하거나, 집중할 수 없을 때, 혹은 당신 가족이 소동에 휩싸였거나 당신 건강이 악화되었거나 아니면 교회 안에 이간질을 붙이는 사람들이 당신의 목회 방향에 대해 험담을 늘어놓고 다닐 때, 혹은 당신이 외로움이나 좌절감을 느낄 때 말이다.

터널 안에서의 위험들

오랜 시간 고통을 경험하는 것은 마치 어둡고 침침한 터널 안을 걷는 것과 비슷한 느낌이다. 설교자의 고통이라는 터널은 다른 고통들과는 전혀 다른 매우 독특한 위험들을 안고 있다.

첫 번째로, 우리는 강단을 자기 치유를 위한 한 방법으로 이용하는 지경에 이를 수 있다. 설교자의 설교 스타일은 위기를 겪는 동안 변화할 수 있다. 종종, 목회자가 설교의 10분의 9를 자기 자신의 고통과 관련된 이야기를 하는 데 할애하고, 나머지 10분의 1을 성경에 관해 이야기하는 경우들이 생기곤 한다. 설교를 듣는 사람들은 설교에 동감하면서 감동 받기도 한다.

목회자는 설교에 대해 호의적인 반응을 듣게 되고, 그 다음 주에도 다시 한 번 더 자신의 마음에 담긴 생각들을 나누기로 결정한다. 이런 힘겨운 상황들 속에서는 연구에 매진하기가 어렵기 때문이다. 이런 메시지는 주로 자신의 경험에 토대를 둔 것이고 그저 성경 본문은 스프링쿨러가 물을 뿌려대는 정도로만 설교 안에 자리 잡게 된다. 설교를 듣는 성도들은 다시 한 번 더 따뜻하게 반응해 준다.

이내 설교자는 패턴을 형성하게 된다. 그는 이제 매주 성경을 통해서가 아니라 자신의 경험을 통해서 설교하는 위험에 빠지게 된다. 이런 설교자는 자신이 설교한 내용을 경험하는 것이 아니라, 자신의 경험을 매주 설교하게 된다. 그리고 설교는 자신의 고통에 대한 카타르시스가 되어 버린다.

강단을 자기 치유의 자리로 자주 만들어 버리면 반드시 그 대가를 지불하게 된다. 교회 성도들은 목회자의 영혼이 어떤 갈등과 싸움을 하고 있는지를 듣기 위해 매주 교회에 나오는 것이 아니다. 그들에게 동정심이 없는 것은 아니지만 일정 시간이 지나면 매주 예배는 감정적으로 가라앉는 시간이 될 뿐이다. 사람들은 자신의 감정을 조절할 수 없는 리더들을 오랫동안 따르지 않는다.

또 다른 위험은 강단을 저격수의 자리처럼 사용하는 위험이다. 만약 우리가 교회 내의 갈등들로 인해 고통을 당한다면, 강단을 적대적인 사람들을 향해 가늠쇠를 당기는 장소로 사용하려는 강한 유혹을 받는다.

빌 존스Bill Jones 집사가 하는 이야기를 들어 보도록 하자. 설교 시간에 목사님은 "구리장색 알렉산더가 내게 많은 해를 끼쳤다."는 구절을 인용하셨습니다. 그리고 목사님은 말씀하셨어요. "우리 모두는 이 구절이 무슨 뜻인지를 잘 알고 있습니다. 우리가 하나님 앞에 나아가길 원하지만 어떤 사람들은 사업적인 이유로 교회를 향해 과거로 돌아가자고 이야기하기도 합니다. 우린 사도 바울이 그러했듯이 하나님을 좇아야 합니다. 다른 사람들이 우리 길을 가로막는다 하더라도 말입니다."

목회자는 분명 빌의 이름을 거명하지 않았지만, 예배시간에 있던 사람들은 즉각 목회자의 말이 무슨 뜻인지를 알아차렸다. 성도들은 목회자가 강단을 무기로 사용한 것에 대해서, 특히 성도들이 빌 집사의 반대가 분명한 이유와 강점을 갖고 있다고 생각한다면, 매우 분개할 것이다.

만약 우리가 섬기는 교회가 갈등 속에 있다면, 성도들이 우리가 사용하는 말들 속에서 우리가 결코 의도하지 않았던 공격적인 내용들을 찾아낼 수 없게끔 각별한 주의를 기울여야만 한다.

더더군다나, 우리는 하나님의 온전한 권고를 설교하는 데 실패할 수 있다. 우리가 고통 중에 있을때, 모든 사람들이 나처럼 고통 중에 있다고 생각하는 오류에 빠질 수 있다. 우리가 자신의 개인적인 문제들에 대해서 전혀 언급하지 않는다 하더라도, 우리의 설교는 엄격히 말해서 위기 상황에 초점을 맞춘 구급차 같은 모습이 될 수 있다. 자신의 일들을 잘 감당하고 주님을 향해 견고한 마음을 갖고 있는 건강한 사람들은, 우리 설교에서 많은 것을 얻을 수 없을 것이다.

나는 몇 해 전 딸과 함께 영화 「월 스트리트」Wall Street를 보러 갔다. 그 영화의 핵심 배우들 중 한 명인 고든 게코Gordon Gecko는 매우 냉철할 뿐만 아니라 성공한 증권 투자자였다.

영화가 끝난 뒤, 내 딸이 말했다. "아빠, 만약에 게코가 아빠한테 '당신은 기독교인입니다. 나 같은 부류의 사람에게 당신은 뭘 이야기해 줄 수 있습니까? 딱 한 시간만 시간을 드린다면, 당신이 할 수 있는 최고의 이야기는 무엇입니까?' 이렇게 말하면, 아빠는 뭐라고 말씀하시겠어요?"

내 딸아이는 내게 잠시 시간 여유를 주었다. 때때로 교회는 세상 속의 게코 같은 부류의 사람들에게 무얼 이야기해 주어야 할지 모르곤 한다. 우리는 그들이 실패한 이후에야 그들에게 무언가를 이야기해 줄 수 있는듯 보인다. 그러나 성경은 연약한 사람과 강한 사람 모두에게 이야기를 한다. 나는 설교를 하면서 성공한 사람을 의도적으로 무시하지 않는다. 하지만 그건 내가 고통 중에 있을 때 쉽게 일어나는 일이다.

우리가 고통 중에 있을 때, 타락, 은혜, 믿음 그리고 기도 등은 물론이고 더 많은 설교 주제들이 있다는 점을 우리에게 상기시켜줄 사람들이 필요하다. 의로움, 하나님의 주권, 공의, 전도 그리고 다른 근본적인 교리들에 대해서도 설교할 필요가 있다. 일정한 설교 주제들이 어떤 순간에 내게 별다른 유익을 주지 못하거나 내 영혼에 양식을 공급해 주지 못한다 하더라도, 그런 설교가 다른 사람들에게 마찬가지로 영적 양식이 되지 못하는 것은 아니다.

어둠 속에서의 설교

몇몇 고통스러운 상황들은 자연스럽게 성도들과 함께 나눌 수 있다. 사랑하는 사람의 죽음이나 매우 심각한 질병 등.

이와는 다른 몇몇 상황들은 성도들에게 알리는 데 신중을 기할 필요가 있다. 재정적인 문제들, 결혼 생활의 스트레스, 교회 임원진들 안에서의 갈등, 도덕적 해이 등. 그러나 우리가 이런 문제들을 결코 이야기하지 않는다 하더라도, 설교는 우리가 고통의 터널을 지나는 동안 바뀔 수 있다.

내가 덴버신학교에서 이런 집중적인 고통의 시기를 보내며 지낼 때, 몇몇 성도들은 내 설교가 좀 더 부드러워지고 감동적이 된 것을 느꼈다고 말했다. 나도 그렇게 느꼈다. 내가 고통스러운 시간을 보내는 동안 내게 주어진 좋은 점이 무언가 있었다면, 그건 내가 하나님을 향한 매우 깊은 갈망을 갖게 되었다는 점이다. 나는 내 자신이 온전히 연약하다는 것을 느꼈다. 비록 법적으로 아무런 문제나 잘못이 없었지만, 이전보다 더욱 더 은혜가 필요하다는 것을 간절히 느꼈다.

검찰 측에서 내 동기와 행동들을 망치로 산산이 조각내고 부숴 버릴 때, 누군가가 거짓말과 루머를 퍼뜨릴 때, 이런 일들은 나로 하여금 나의 삶을 좀 더 깊이 살펴볼 수 있게끔 해주었다. 나는 마음속을 들여다보았고, 내가 법적으로 무죄함에도 불구하고 내가 다른 모든 사람들과 비슷하다는 것을, 대부분의 나날을 불순한 동기들을 가진 죄인들과 마찬가지로 산다는 점을, 하나님의 은혜가 항상 필요하다는 점을 통찰할 수 있었다.

내가 "터널 안에" 있을 동안 했던 설교 중 하나는, 탕자에 관한 비유였다. 나는 아버지에 대해서 이야기했다. 아버지는 자기 자신의 위엄에 대해서는 전혀 신경 쓰지 않고, 은혜와 받아들임만으로 온 마음을 채운 모습으로, 자기 아들 탕자를 만나고자 맨발로 뛰어나갔다. "저는 여러분들이 하나님 아버지가 여러분을 만나시고자 뛰어나가신다는 사실을 알기 원합니다." 나는 성도들에게 이야기했다. "하나님 아버지의 팔은 넓게 열려 있습니다. 그리고 하나님 아버지는 당신에게 화가 나 있지 않습니다. 다른 그 무엇보다 중요한 것은, 하나님 아버지는 당신이 집으로 돌아오기를 원하신다는 점입니다. 그분은 말씀하십니다. '나는 네가 진흙과 거름더미로 뒤범벅되어 있어도 신경 쓰지 않는단다. 나는 네게서 나는 냄새도 신경 쓰지 않는단다. 집으로 돌아온 걸 환영한다. 집으로 온 걸 환영한다!'"

"여러분이 오늘 아침 서 있는 곳이 바로 이런 하나님 아버지 앞이라면, 저는 여러분이 집으로 돌아온 것을 환영하겠습니다. 앞으로 나오십시오. 여러분들이 집에 돌아온 것을 환영할 수 있도록 말입니다."

한 여성 성도분은 "저는 교회 생활을 계속해왔고 평생 동안 초청의 말씀을 들어 왔습니다. 여지껏은 교회 안으로 들어올 길이 없었지만, 지금 저는 돌아오기 원합니다. 저는 집에 돌아온 것을 환영받기 원합니다."라고 말하면서 이런 나의 호소에 응했다.

어떤 여성분과 대화를 나누는 동안, 나는 이 설교에서 함께 나누었던 생각들을 그분과도 나누었고, 그 여성분은 울기 시작했다. 그 여성분은 매우 절제된 사람이었다. 그분은 말했다. "평생 동안, 저는 그 비유가 어떤 의미인지 한 번도 충분히 알지 못했습니다."

이런 반응들은 어떤 새로운 설교 기법들이나 심오한 통찰력 때문에 생겨난 것이 아니었다. 나는 하나님의 은혜를 새롭게 경험했고, 그리고 그 은혜의 능력이 그저 그들에게도 전달되고 경험되어진 것뿐이었다. 이런 반응이 일어나게 하려고 의도적으로 노력하지 않았음에도 불구하고 말이다.

고통과 목회자의 가족

내가 고통을 당할 때, 우리 가족들도 이런 어두움을 함께 나눈다. 가족들은 우리가 최상일 때와 최악일 때를 모두 보고 또한 안다. 그리고 가족들은 이런 모든 상황들을 겪으면서도 우리가 강단에 서서 하나님의 뜻에 대해 성도들 앞에서 설교하는 것을 본다. 만약 우리가 두 가지 실수를 피한다면, 우리 가족들은 우리가 과연 진정성과 성실성을 갖고 있는지 의심하거나 묻지 않을 것이다.

첫 번째로, 마땅히 해야만 하는 당위적인 일들이 실제로 당신의 삶 속에 모두 들어 있는 양 처신하지 말라. 설교자의 책임은 기독교인이 무엇을 해야만 하는지를 선포하는 것이다. 우리는 다른 사람들을 향해서 매일 성경을 읽으라고, 날마다 기도하라고, 가족들에게 정기적으로 헌신하라고, 믿음을 가능한 한 모든 기회 속에서 다른 사람들에게 전하고 나누라고, 나라의 지도자들을 위해서 기도하라고, 선교를 위해 할 수 있는 한 많은 헌금을 하라고, 다른 사람들을 위해 헌신하라고, 이타적으로 살라고 가르친다. 반면, 기독교인들이 행해야만 하는 이런 모든 일들을 모두 행하는 목회자들은 소수이다.

우리가 정직하다면, 이런 현상은 그리 놀라운 일도 아니고 문제가 되는 일도 아니다. 우리가 그렇지 않은 척 할 경우에만 이런 모습이 문제가 된다. 그리고 우리가 가족들 속에서 고통을 당해야만 한다면, 이런 경우는 중요한 문제가 된다.

우리가 설교 속에서 모든 해답을 몽땅 갖고 있는 것처럼 주장한다면, 우리 믿음이 흔들리지 않는 믿음인 것처럼 주장한다면, "당신이 필요로 하는 것은 오직 예수님뿐"이라고 말하면서 가족들에게 의심, 분노 그리고 혼돈 속에 휩싸여 있는 모습을 보여 준다면, 가족들은 우리를 위선자로 결론내릴 것이며, 또한 우리가 설교하는 내용의 진정성에 대해 의심하게 될 것이다.

덴버신학교에서 앞서 이야기했던 일들을 겪는 동안, 나는 흔들리지 않고 의심을 품지 않는 그런 믿음의 표본이 결코 아니었다. 나는 깊은 좌절의 시간들을 겪었다. 우리 가족들은 내가 이런 시기를 보내고 있는 것을 보았다. 만약 내가 매주일 강단에 서서는 "여러분이 시험을 만날 때에, 하나님을 향한 여러분의 믿음을 굳게 세우십시오. 흔들리지 마십시오. 의심하지 마십시오."라고 말했다면, 나는 가족들에게 많은 신뢰를 잃었을 것이다.

그보다는 이렇게 말하는 것이 더 나을 것이다. "우리가 시험을 겪을 때에, 우린 하나님을 향한 믿음을 가질 필요가 있습니다. 때때로 우리는 흔들립니다. 때때로 우린 의심할 수도 있습니다. 그러나 우린 믿음을 추구해야 합니다. 오직 주 예수 그리스도를 향한 믿음을 통해서만 미끄러져 내려간다고 느낄 때 다시금 우리 발걸음을 굳건히 할 수 있습니다."

두 번째로, 당신의 최상의 순간들을 예로 제시하면서 그것이 일상적인 모습인척 하지 말라.

몇 달 전에, 한 목회자가 자기가 섬기는 교회의 당회로부터 가혹할 만큼 공격을 받아 고통을 당했다. 그는 매우 힘들어 하면서 매일 밤 집에 돌아왔고, 저녁 식사 자리에서 자기 가족들에게 방금 전의 이야기들에 대해 불평을 하거나 당회원들에 대해 험담을 늘어놓곤 했다.

그런데 어느 날 밤 이와는 대조적으로 이 목회자는 가족들에게 "우리는 당회원들과 그 가족들을 위해서 기도해야 해. 그분들의 삶에 고통이 있어서 내게 부정적인 게 틀림없어."라고 이야기했다.

하지만 다음 날과 그 이후의 몇 주 동안, 이 목회자는 다시금 이전처럼 가족들과 함께 있을 때 나쁜 이야기들을 늘어놓는 삶으로 돌아가 버렸다.

이후에 이 목회자는 원수들을 위해 기도할 것에 관해 설교하면서 "여러분들도 아시겠지만, 우리는 몇 달 전에 교회 내에서 의견 일치를 보지 못해 매우 힘든 시기를 보냈습니다. 그 시간 동안 하나님은 우리 가족들이 식사 자리에 함께 둘러앉아 기도할 수 있도록 도와주셨습니다. 우리를 개인적으로 공격했던 분들을 위해서 말입니다."

이 목회자는 사실을 이야기했지만 모범적이고 이상적인 모습이 마치 일상적으로 일어난 것처럼 적용해서 이야기하는 잘못을 범했다. 그 목회자는 아마도 의도적으로 성도들을 오도하기 위해 그렇게 하지는 않았을 것이다. 성도들에게 올바른 행동을 하는 본보기를 제시하여 영감을 불어넣어 주고자 노력하다가 그렇게 했을 것이다. 그러나 그는 자신의 가족들을 괴로움에 빠뜨리는 위험을 범했다. 그의 가족들은 그의 양면적인 행동을 계속해서 보아 왔기 때문이다.

당신이 설교하고 싶지 않다고 느낄 때

고통은 우리가 직면한 문제 이외의 다른 그 무엇에도 집중하기 힘들게 만든다. 고통은 우리를 산란스럽게 만들고, 혼동시키며, 우리 에너지를 분산시키고, 우리에게 설교 준비를 하기 원하지 않는 것 같은 느낌을 남겨 주며, 또한 설교를 위해 "일어서지" 않고 싶어 하는 것처럼 느끼게 만든다. 고통을 당하는 중에 하는 설교는 우리에게 두 가지 일을 할 것을 요구한다. 잘 구별하는 것과 여과하는 것.

우리가 오랫동안 지속되는 고통을 겪을 때, 우린 종종 자신에게 별로 합당하지 않게 생각되는 설교들을 해야만 할 것이다. 우리는 모든 일들이 엉망진창이고 통제를 벗어나 있다고 느낄 때 하나님의 주권에 관해 이야기하거나, 혹은 우리 자신이 응답 없는 기도로 인해 힘겨워 할 때 하나님을 향한 확신에 관해 이야기해야 할 것이다.

이런 시기들에, 우리는 성경을 설교하는 소명을 성취해야 한다. 우리는 성경이 말씀하시는 것을 설교하는 것이지, 우리가 느끼는 것을 설교하는 것이 아니다. 우리가 우리 자신의 권위나 우리 자신의 경험에 근거를 두고 있다면, "모든 일들이 합력하여 선을 이룬다."라고 선포할 수 없겠지만, 그러나 우리는 "하나님은 모든 일들이 합력하여 선을 이룬다고 말씀하십니다."라고 선포할 수 있다.

어떤 의미에서, 때때로 우리는 경험과 느낌들을 분리해야만 한다. 그런 경우에, 우린 성경 본문이나 우리 자신의 삶에서 나타나는 실제적인 예들 간에 인격적인 상호 작용을 할 수 없을 수도 있다. 이런 모습은 현실이다.

그런 시간에는, 성경 본문의 위대한 약속과 인간적인 상황간의 모순적인 불균형을 공적으로 인식하고 인정하는 것이 적절하다. 만약 당신이 시편을 통해서 설교하다가 시편 기자가 "여호와께서 내 의를 따라 갚으시되 그 목전에 내 손의 깨끗한 대로 내게 갚으셨도다."라고 말한 부분에 이르게 되었지만, 당신은 여전히 죄의 무게를 느끼고 있을 때, 이렇게 말할 수 있다. "아마 여러분들은 오늘 이 시편 기자처럼 느낄 것입니다. 여러분들은 온전치 않습니다만, 여러분들은 용서 받았고, 하나님의 은혜를 통해 하나님과 동행하고자 노력하고 있습니다. 여러분은, 하나님이 공의로우신 분이셔서 의인에게 상급을 주시고 악인에게 벌을 주시는 분이라고 하나님을 찬양하고 싶으실 것입니다. 여러분들은 그렇게 할 수 있습니다. 그러나 여러분들 중 누군가는 큰 실패감을 느낄 겁니다. 저도 종종 그렇기 때문에 그런 사실을 저도 잘 알고 있습니다. 여러분들은 '저는 온 마음을 다해 하나님을 섬겨 왔습니다' 라고 진정으로 이야기할 수 없다는 생각이 들 때가 있을 것입니다. 여러분들은 대신 '저는 죄인의 괴수입니다' 라고 말하고 싶은 느낌이 들 것입니다. 그렇기에 이 시편은 여러분들이 오늘 어떻게 느끼고 있는가에 관한 내용이 아닙니다. 이 시편 기자는 우리 모두가 가고자 하는 그런 자리에 자리 잡고 있습니다. 그러므로 우리 모두는 그 내용을 잘 들어 보고 또한 우리가 무엇을 배울 수 있는지를 살펴보도록 합시다."

우리는 또한 잘 걸러낼 필요가 있다. 만약 우리가 항상 설교를 "저 멀리 저편"에 자리 잡게 한다면, 우린 결국에 진정성이라는 느낌을 잃어버리게 될 것이다. 만약 우리가 소위 내가 "개집 dog house" 설교라고 부르는 설교만 계속해서 생각해 낸다면(자, 봅시다. 나는 T로 시작하는 세 가지의 요점이 필요합니다.)그런 설교들 속에서는 살지 못하고, 우리에게는 결국 아무것도 남지 않게 될 것이다.

때때로 우리는 우리가 경험을 이용해 설교하거나 우리의 느낌을 잘 전달해 주는 본문을 택하거나 전에 배운 강렬한 교훈의 일부를 공유하는 행위들을 걸러낼 필요가 있다. 그 뒤에 감추어진 사연을 절대 말하지 않을 거라면 말이다.

몇 해 전, 심판 때의 양과 염소에 관한 비유를 읽으면서, 나 자신은 양일 것이라고 느꼈다. 나는 그리스도에 대한 믿음을 갖고 있었고, 병원에 입원해 있는 친구들도 심방했었고 월드 비전에 기부도 했다.

내가 이 터널을 지나면서 나 자신이 구원받을 만한 가치가 전혀 없다고 느꼈다. 나는 그런 상황 속에 있을 때 이 비유를 읽으면서 그리스도가 양들을 칭찬하셨을 때, 그들이 "누구요, 저요?"라고 반응했다는 것을 정말이지 처음으로 발견했다. 그들은 자신들이 양이라는 사실을 알지 못했다. 그들은 자신들이 양이라고 느끼지 않았다.

나는 결론에 다다르게 되었다. 만약 내가 하나님 나라에 들어가게 된다면, 그것은 하나님이 "네가 양이다"라고 말씀하셨기 때문이지, 내가 양이 해야 하는 일들을 하고 있다고 느끼기 때문이 아니라는 결론이었다. 구원은 그 모두가 은혜이다.

나는 이 본문을 설교하기 시작했다. 이 본문을 설교해야만 한다고 느꼈다. 왜냐하면 이 본문은 내 마음을 드러내 보여주었고, 내가 겪고 있던 일들과 일맥상통했다.

덴버신학교에 대한 세 가지 소송들이 해결된 이후에, 내 변호사는 소송이 진행되는 동안 설명할 수 없었던 모든 일들에 관해 설명하려 교수단과 만났다. 예를 들어서, 그는 다른 신학교의 총장이 모든 증거들과 기록들을 면밀하게 검토했다는 것을 이야기했다. 그분은 자신이라 하더라도 내가 했었던 것처럼 일들을 처리했을 것이라고 증언했다. 모든 사실들을 제시한 이후에, 교수단 중 몇몇 교수들은 나를 만나 그 만남이 나를 향한 의구심을 해소해 주었다고 이야기했다.

이 모든 일들은 이제 다 지나가 버렸다. 비록 내 삶이 결코 이전과 동일해질 수는 없겠지만 말이다. 그리고 내 설교 역시 이전과 동일해질 수는 없을 것이다.

생각해 봐야 할 질문들

1. 사역에서 어려움들과 직면하게 되었을 때, 설교자들은 무엇에 대해 어떻게 설교하고자 하는 유혹을 받게 되는가? 로빈슨은 그렇게 하지 말고 대신 어디에 초점을 맞출 것을 제안하는가?
2. 고통 중에서 설교를 해야 할 때, 가족들의 역할은 무엇인가?
3. 설교자는 설교를 준비할 때 자기 자신의 동기에 대해서 어떻게 체크할 수 있는가?
4. 설교자들이 고통을 경험할 때 직면하게 되는 위험에는 어떤 종류의 것들이 있는가?
5. 당신은 현재 당신의 사역 속에서 어떤 위험들을 만나고 있는가? 당신은 설교를 함에 있어서 그런 위험들에 대해 어떻게 대응해 왔는가?

참고도서

Hicks, H. Beecher, Jr. *Preaching Through a Storm* : Zondervan, 1987.
Jeter, Joseph R., Jr. *Crisis Preaching: Personal and Public* : Abingdon, 1998.
Lutzer, Erwin W. *Pastor to Pastor* : Kregel, 1998.
Massey, James Earl. *The Burdensome Joy of Preaching* : Abingdon, 1996.
Rowell, Ed. *Preaching with Spiritual Passion* : Bethany House, 1998.

설교자와 설교

Making a Difference in Preaching

5. 강해 설교란 무엇인가?
6. 설교학과 해석학
7. 성경의 내용과 삶의 적용을 융합하기
8. 설교에 대한 장애물 부수기

Making a Difference in Preaching

5. 강해 설교란 무엇인가?

20세기 교회는 성경적 설교를 절대적으로 필요로 한다. 하지만 모든 사람들이 이 견해에 동의하는 것은 아니다. 설교를 포기해야만 한다고 여기는 일부 사람들에게 이 말은 별로 적절치 않은 말일 것이다. 우리는 설교가 더 이상 감동을 주지 못하기 때문에, 지금은 다른 방법들과 다른 사역들이 좀 더 "효과적"이라는 이야기를 듣는다.

왜 설교가 신뢰를 잃어버렸는지를 설명하려면, 우리의 일상적인 모든 삶의 영역들을 살펴봐야 한다. 많은 이유들 중 한 가지는 설교자의 이미지가 이미 변해 버렸기 때문이다. 더 이상 설교자는 한 공동체 내에서 지적이고 영적인 인물로 대우받지 않는다. 교회 장의자에 앉아 있는 사람에게 설교자가 어떤 사람이라고 생각하는지 물어보라. 그러면 그가 하는 설명이나 묘사는 아마 별로 신통치 못한 내용일 것이다. 카일 헤이셀든 Kyle Haselden 은 사람들이 설교자에 대한 이미지를 "성도들과 뜻이 잘 맞고, 도움도 줄 수 있고, 보이스카웃을 도와줄 준비가 되어 있는 그런 사람이나, 젊은 사람들에게 아버지의 이미지이자 외로운 사람들에게는 친구인 그런 사람이나, 도심에서 차나 점심을 함께하는 상냥하고 친절한 그런 사람 등의 이미지들을 부드럽게 섞어놓은 이미지"[1]로 가질까봐 두려워한다.

여기에 덧붙여서, 설교는 하루만에도 수십만 가지 "메시지"들을 우리에게 퍼부어대는 과도한 정보 사회 속에서 이루어지고 제시되기 때문에 지지자를 상실해 왔다. 텔레비전과 라디오는 마치 광고자들이 복음전도자의 신실함을 가지고 "광고주의 말씀"을 전달하는 특징을 갖는다. 현대의 이런 정황 속에서 설교자는 러스킨 Ruskin 의 말로 표현하자면, "생명과 죽음의 교리를 가지고 무대에서 기교를 부리는" 또 다른 세일즈맨처럼 보일 수 있다.

이런 이유들과 더불어서, 자유주의가 강단에 서는 사람에게서 권위 있는 메시지를 빼앗아 버렸다는 실질적인 상황도 한 요인이 되었다. 의사소통에 대한 관심이 진리보다 더 중요한 것이 되어 버렸다. 멀티미디어를 사용하는 프리젠테이션, 영화들, 비디오들, 화려한 조명들, 그리고 현대 음악 등은 건강한 모습이건 혹은 병든 모습이건 간에 일종의 일반적인 증상들이 되어 버렸다. 분명 현대적인 도구들은 의사소통을 증진시킬 수 있지만, 메시지가 전혀 없기에 이런 것들이 사용되곤 한다. 그리고 이런 일상적이지 않은 것들이 어쨌거나 아무것도 없는 상태를 가려준다.

그리고 또한 행동이 말과 경청보다도 우리들에게 더욱 더 호소력 있게 다가온다. 우리는 "설교는 이제 그만"이라고 종종 말하며, 이런 말은 설교에 대해 우리가 짜증나 있다는 것을 보여 준다. 일부 교회들에서는 설교를 기독교인이 되는데 있어서 어쩔 수 없는 "필요악" 정도로 간주하기도 한다. 이런 태도를 갖는 사람들은 "우리가 하나님의 말씀을 제쳐 놓고 접대를 일삼는 것이 마땅하지 아니하니"라는 사도행전 6장 2절의 말씀을 읽으면서 사도들이 뒤로 후퇴했다고 결론 내릴 수도 있다. 행동주의를 중시하는 오늘날에는, "하나님 말씀을 설교하기 위해 접대하는 일을 제쳐 놓는 것은 옳지 않도다."라고 선포하려는 유혹이 있다.

성경 본문을 진중하게 다루기

하지만 성경 본문을 진중하게 다루는 사람이라면 그 누구도 감히 설교를 제외시키거나 설교는 무언가 부족한 것인 양 취급하지 않는다. 바울은 저자였다. 그의 펜으로부터, 우리는 신약 성경이라는 영감된 서신들을 받았다. 그의 저작들의 맨 앞에는 로마서가 자리 잡고 있다. 이 서신이 역사 속에 준 도전과 충격들을 평가해 본다면, 그 어떤 문헌도 로마서와 비교할 수 없을 것이다. 그러나 바울은 로마에 있는 성도들에게 이 서신을 쓸 때, "내가 너희 보기를 간절히 원하는 것은 어떤 신령한 은사를 너희에게 나누어 주어 너희를 견고하게 하려 함이니 이는 곧 내가 너희 가운데서 너희와 나의 믿음으로 말미암아 피차 안위함을 얻으려 함이라"(롬 1:11-12)라고 고백했다. 어떤 사역들은 얼굴과 얼굴을 맞대지 않고 서로 떨어져 있는 상황 속에서는 일어날 수 없다. 심지어 영감 된 서신이라 할지라도 그런 사역을 대신할 수 없다. "그러므로 나는 할 수 있는 대로 로마에 있는 너희에게도 복음 전하기를 원하노라"(롬 1:15). 구두로 선포되는 말씀 안에는 기록된 말씀이 대신할 수 없는 권능이 존재한다.

신약 성경 저자들의 생각 속에서 설교는 행하시는 하나님이었다. 예를 들어서, 바울은 자신의 독자들에게 "너희가 거듭난 것은 썩어질 씨로 되어진 것이 아니요 썩지 아니할 씨로 된 것이니 살아 있고 항상 있는 하나님의 말씀으로 되었느니라"(벧전 1:23)라고 상기시켰다. 그렇다면 이 말씀이 어떻게 해서 그들의 삶 속에서 역사하게 되었는가? 베드로는 설명한다. "이 말씀은 너희에게 설교한('전한'—우리말 성경—옮긴이) 복음이다" 설교를 통해서 그들은 구원 받았던 것이다.

바울은 데살로니가 사람들에게 편지를 썼다. "너희가 어떻게 우상을 버리고 하나님께로 돌아와서 살아 계시고 참되신 하나님을 섬기는지와 또 죽은 자들 가운데서 다시 살리신 그의 아들이 하늘로부터 강림하실 것을 너희가 어떻게 기다리는지를 말하니"(살전 1:9-10). 뒤이어서 "얼굴을 대하는" 것과 관련해서 사도가 말하는 내용이 나타난다. "너희가 우리에게 들은 바 하나님의 말씀을 받을 때에 사람의 말로 받지 아니하고 하나님의 말씀으로 받음이니 진실로 그러하도다 이 말씀이 또한 너희 믿는 자 가운데서 역사하느니라"(살전 2:13). 그렇기 때문에, 설교는 단순히 하나님에 대해서 이야기하는 것이 아니다. 설교는 하나님께서 친히 설교의 메시지를 통해서 그리고 남녀 성도들을 마주 대하고 있는 한 사람의 설교자를 통해서 역사하시는 것이며, 또한 성도들을 하나님에게로 데려온다.

바로 이 점은 왜 바울이 그의 젊은 동역자인 디모데를 향해 "말씀을 설교하라(전파하라)"고 격려하는지 그 이유를 설명해 준다. "설교하다"에 해당하는 단어는 '부르짖다, 사자使者로서 전하다 혹은 권면하다'라는 의미이다. 설교는 마치 설교 메시지가 반드시 한 사람을 휘저어 놓아야만 하는 듯한 바로 그런 모습으로, 열정적으로 쏟아 부어져야만 한다. 물론 강단에서 열정적으로 호소하고 외치는 모든 설교가 하나님의 권위를 갖고 있는 것은 아니다. 하지만 설교자는 반드시 "사자"가 되어야만 한다. 설교자는 남성이건 여성이건 하나님 말씀을 전달해야만 한다. 이 점에 다다르지 못하는 것들은 결코 "설교"라고 타당하게 불려질 수 없다.

설교자들이 지속적으로 받는 유혹은, 성경 본문이 아니라 다른 것에 관한 메시지를 부르짖고자 하는 유혹이다—정치 체제나 경제 이론, 새로운 종교 철학 등. 만약 설교자가 성경 말씀을 설교하지 않는다면, 설령 이런 내용들을 그 어떤 권위 있는 톤으로 선포한다 하더라도, 설교자는 자신의 권위를 포기한 것이다. 그는 더 이상 남녀 성도들 앞에 하나님의 말씀을 들고 서 있는 것이 아니라 그저 사람에게서 나온 무언가 다른 이야기를 이야기하고 있을 뿐이다.

하나님은 모든 시대의 모든 사람들에게 성경 말씀을 통해서 말씀하신다. 성경은 단순히 하나님이 다른 시대, 다른 장소 속에서 행하신 일들에 대한 "오래된, 아주 오래된 이야기"가 아니며, 또한 하나님에 대한 어떤 생각이나 개념들을 읊조린 책도 아니다. 성경은 무오하며 영감된 책이다. 성경은 하나님이 오늘날의 남성들과 여성들과 더불어 의사소통하시는 방편이다. 성경을 통해서, 하나님은 우리를 구원으로 이끌어 주시며(딤후 3:15), 기독교인의 풍성하고 성숙한 모습으로 이끌어 주신다(딤후 3:16-17).

강해 설교에 대한 정의

강해 설교는 성경 본문을 펼쳐 보여 줌으로써 사람들이 진리와 직면하게끔 하는 가장 효과적인 설교 형태이다. 강해 설교는, "본문을 본문의 정황 속에서 역사적, 문법적 그리고 문학적으로 연구하고 이렇게 해서 뽑아 낸 성경적 개념들을 전달하는 의사소통이며, 이런 내용을 성령님이 우선 설교자의 인격성과 경험에 적용하시고 그런 뒤 그 설교자를 통해 성도들에게 전달하시는 의사소통이다."

강해 설교에 대한 이런 개념 규정을 위한 몇 가지 내용들이 있다. 무엇보다도 강해 설교의 중심적인 본질은, 성경 본문으로부터 나온다. 강해자는 성경이 다른 그 어떤 책들과도 결코 비슷하지 않은 책이지만 그럼에도 성경 역시 책이라는 사실을 인식한다. 사실 성경은 다른 문학 작품과 마찬가지로 연구가 가능한 각 권의 저작들을 전집처럼 모아 놓았다. 몽고메리 R.A.Montgomery 는 그의 책 『강해 설교』 Expository Preachin에서 이점을 분명히 한다. "설교자는 (성경 중) 특정 책들을 제시하는 일을 마치 최근의 베스트셀러를 연구하는 것과 비슷한 모습으로 한다. 설교자는 말씀의 일정한 단락들이 갖는 메시지를 성도들에게 전달하고자 노력한다. 설교자는 저자가 품었던 마음을 자신의 마음으로 품으면서 성경 중 한 권의 메시지가 갖는 핵심 주제나 혹은 중추적인 부분들을 발견한다. 성경 저자가 단어들, 구문들, 본문들, 일정 부분들을 다룬 방식들은, 이런 표현들이 개별적으로 무엇을 이야기할 수 있는가 하는 측면에서 중요할 뿐만 아니라, 저자의 중심 주제와 관련을 맺고 있다는 점이나 저자가 그 성경을 저술하면서 갖고 있었던 목표 등과도 긴밀한 관련을 맺는다는 점에서 중요하다."[2]

그렇기 때문에, 좀 더 광범위한 의미에서 강해 설교는 하나의 방법론이라기보다는 철학에 좀 더 가깝다. 이는 기초적인 질문에 대한 대답이다. "설교자는 자신의 생각을 성경 본문에 종속시키는가, 아니면 성경 본문을 자신의 생각에 종속시키는가?" 본문은 풋볼 경기의 애국가(경기나 일들을 시작할 때 출발을 알리는 역할을 하지만 그 후로는 다시 들을 수 없다)처럼 사용되는가? 아니면 사람들에게 들려지는 설교의 기초인가?

비록 성경 문단에 대한 설명 없이도 정통주의 설교를 하는 것이 가능하긴 하지만, 성경 본문의 일정 부분을 설명하고 펼쳐 내는 것이 설교자의 생각을 이단으로부터 지켜 준다. 규칙적으로 이렇게 함으로써 설교자는 그냥 쉽게 간과하고 지나갈 수 있을 삶 속의 많은 이슈들, 성경 본문들에서 다루어진 많은 이슈들을 이야기하게 된다. 무엇보다도, 설교자는 권위를 가지고 이야기하지만 그것은 자기 자신의 권위가 아니다. 또한 설교를 듣는 사람은 설교자를 통해 하나님이 자기에게 직접 말씀하시는 것을 듣는 더 좋은 기회를 갖게 된다.

강해 설교의 규정에서 중요한 두 번째 요소에는, 성경적인 메시지를 성도들에게 전달하고 소통하는 데 사용되는 방법이 포함된다. 설교자는 성경의 메시지를 자신이 받은 것과 동일한 기초 위에서 다시금 전달한다. 강해자는 성경 본문을 연구하면서 문법, 역사 그리고 문단의 정황 등에 대해서 검토한다. 강단에서, 설교자는 언어, 배경, 본문의 상황 등에 대해서 충분히 다루어야만 하며 이렇게 함으로써 주의 깊은 청중은 성경으로부터 나온 메시지를 체크할 수 있다.

결과적으로, 효과적인 강해 설교는 성경 본문에 대한 설명으로 대부분 채워지게 될 것이다. 훌륭한 강해 설교는 성경 문단을 핵심적인 메시지에서만이 아니라 본문의 발전, 목적 그리고 분위기에 이르기까지도 반영하고 보여 줄 것이다. 이런 일들이 진행되어 감에 따라, 성도들은 설교를 들으면서 성경을 배우게 될 뿐만 아니라 또한 자기들 스스로 성경을 연구하고자 하는 자극도 받게 된다.

강해 설교의 장점들

강해 설교는 설교자들에게 매우 큰 유익을 준다. 한 가지 예를 들자면, 강해 설교는 설교자에게 설교할 진리를 제공해 준다. 많은 사역자들은 설교 준비를 함에 있어서 "설교 준비를 시작"하기 위해 주중의 좌절스러운 시간들을 보내곤 한다. 설교를 듣는 성도들을 일 년에 백 차례 정도 흥미를 느끼게끔 해주는 신선하고 고무적인 원재료(설교 본문)를 충분히 생각해 낼 수 있는 사람은 오직 천재뿐이다. 자기 자신의 생각이나 경험에서 주제들을 끄집어 내는 사람은 진흙탕 속에서 물장구를 칠 뿐이다. 성경 본문을 상세히 설명하는 사람들은 큰 물에서 일하는 것이다.

강해 설교는 설교자에게 많은 형태의 설교들을 제공한다. 설교를 하면서 한 구절을 상세하게 설명할 수도 있다. 알렉산더 맥라렌 Alexander McLaren은 이런 측면에서 매우 탁월했다. 그리고 하나의 문단을 상세히 설명할 수도 있다. 일반적으로 이런 모습을 강해 설교로 여긴다. 여기에 덧붙여서, 설교자는 어떤 주제나 교리를 성경 전체를 통해 훑어 내려갈 수도 있다. 이렇게 함으로써, 설교자는 어떤 주제나 교리를 생각해 볼 수 있는 많은 성경 구절들을 찾아낸다. 우선, 어떤 특정한 문단에서 특정한 주제가 그 문단과 관련 있다는 것을 발견해 내고, 그런 뒤 그 주제와 다른 문단들과의 관련성을 찾아낸다. 한 인물에 대한 전기적인 설교도 강해적일 수 있다. 성경의 상당히 많은 부분들이 우리에게 역사나 전기의 형태로 전해져 온다. 예를 들어, 창세기에서 여섯 명 정도의 사람들을 뽑아낸다면, 창세기엔 별로 남는 부분들이 없게 된다.

강해 설교에 대해 개념을 규정하면서, 강해 설교가 설교자를 성숙한 기독교인으로 성장하게끔 한다는 점도 알게 된다. 강해자가 성경을 연구할 때, 성령님은 설교자의 삶을 면밀히 살펴보게 하신다. 설교자가 설교들을 준비할 때, 하나님은 그 사람을 준비시키신다. 맥라렌은 자신의 모든 모습이 매일매일 했던 성경 연구의 산물이라고 이야기했다. 강해자가 한 본문의 설교를 완성해 감에 따라, 그는 성령의 손에 들려진 그 본문의 진리를 통해서 성령이 그 강해자를 온전하게 하시는 것을 발견하게 된다. 포사이스 P.T.Forsyth는 이점을 이해하면서, "성경은 설교자를 향한 최상의 설교자이다."라고 말했다.

강해 설교의 목적

마지막으로, 강해 설교의 근본적 목적은 성경의 근본 목적이다. 강해 설교가 시행이 되면, 이를 통해 성령님은 사람들의 삶과 운명을 바꾸신다. 물론 설교와 가르침만이 하나님이 자기 백성들을 세우시는 유일한 방법은 아니지만, 이 두 가지는 하나님의 중추적인 방법들이다. 효과적인 강해자는, 하나님이 역사책이나 고고학책과 같은 방식으로 오늘날의 사람들에게 말씀하시지 않는다는 사실을 아는 사람이다. 성령님은 오늘날의 사람들에게 성경을 통해서 그들에 대해 이야기하신다. 강단에 서는 사람이나 혹은 예배당에 앉아 있는 사람들은 유다나 다윗 혹은 베드로나 솔로몬을 심판하는 심판자들로 앉아있는 것이 아니다. 설교를 듣는 사람들은 성경 본문의 가르침에 근거하여 자기 자신들을 진단해야만 한다.

이 목적을 이루기 위해서, 강해자는 성경 본문의 메시지에 대해 알고 있어야만 할 뿐만 아니라, 그 메시지를 전달해야 하는 대상인 성도들에 대해서도 알고 있어야만 한다. 강해자가 성경 본문에 대해서만이 아니라 회중들에 대해서도 주해해야 한다는 말이다. 한번 상상해 보라. 만약 바울이 고린도 성도들에게 보낸 서신들이 우편함 속에서 분실되어서 대신 빌립보의 성도들에게 갔다고 말이다. 아마 빌립보 성도들은 바울이 쓴 내용들에 대해서 매우 당황했을 것이다. 빌립보의 신자들은 그들의 형제인 고린도 성도들과는 전혀 다른 상황 속에서 살았다. 신약 성경의 서신서들은, 구약 성경의 선지서들과 마찬가지로, 특정한 상황 속에서 살아가던 특정한 사람들에게 보내진 서신들이었다.

"교리들은 실천적으로 설교되어야만 하며, 의무들은 교리적으로 설교되어야만 한다."라는 것이 우리 개신교 선배들이 제시한 방법이었다. 아마도 오늘날 "강해 설교"라고 불리는 부분에 있어서 이것이 가장 광범위한 문제일 것이다. 설교자는 마치 하나님을 "옛날 옛적에" 사셨던 분처럼 "그때 그곳"에 관해 강연하면서, "지금 여기에" 살고 있는 사람들의 태도와 행동에 초점을 맞추어 영원한 진리를 가져오는 일에 실패하곤 한다. 효과적인 강해 설교에 있어서 적용은 그저 우연히 생겨나는 부분이 아니다. 적용은 강해 설교의 매우 중요하고 결정적인 부분이다.

하지만 성경을 경험과 연관시키는 데 있어서, 강해자는 성경을 사람들의 삶에 끼워 맞추려고 성경 본문을 왜곡시켜서는 안된다. 그대신 강해자는 사람들에게 성경의 기준에 굴복하라고 요구해야 한다. 기독교인은 지금 현재 세대가 아니라 다가올 세대에 초점을 맞추어야만 한다. 적용은 두 가지 방향으로 움직여야 한다. 먼저 성경적인 진리는 사람들의 삶과 연결되어야만 한다. 그러나 다른 한편으로, 사람들의 삶은 성경적인 믿음에 부합하는 모습으로 변화되어야 한다.

결론

자기 자신이 출중한 강해자였던 메이어 F.B.Meyer는, 성경적인 설교자가 자신의 직무에 다가설 때 갖게 되는 두려움을 잘 이해했다. "그는 위대한 계보의 선상에 서 있다. 종교 개혁자들, 청교도들, 순례자였던 목회자들은 본질적으로 강해자들이었다. 그들은 자기 자신의 특정한 견해들을 선언하지 않았다. 물론 개인적인 해석이나 혹은 불확실한 경향들은 가질 수 있었다. 그러나 그들의 입장을 성경 위에 두고 있었기 때문에, '그러므로 주님이 말씀하셨다' [4]라는 저항할 수 없는 표현을 사용하면서 그들의 메시지를 강하게 선포하고 납득시켰다."

우리 사회의 중요한 문제들은 궁극적으로 영적인 문제들이다. 우리 모두는 항상 하나님이 절대적으로 필요한 사람들이다. "그런즉 저희가 믿지 아니하는 이를 어찌 부르리요, 듣지도 못한이를 어찌 믿으리요, 전파하는 자가 없이 어찌 들으리요, 보내심을 받지 아니하였으며 어찌 전파하리요. 기록된바 아름답도다 좋은 소식을 전하는 자들의 발이여 함과 같으니라 … 그러므로 믿음은 들음에서(영어번역에서는 '설교된 것에서') 나며 들음(영어번역에서는 '설교된 것')은 그리스도의 말씀으로 말미암았느니라"(롬10:14-17).

생각해 봐야 할 질문들

1. 한 문단의 주제를 발견한다는 것은 무슨 의미인가?
2. 로빈슨은 보충complement이라는 용어를 어떻게 사용하며, 또한 그는 이 용어를 통해 무슨 뜻을 나타내려 하는가?
3. 어떻게 한 문단의 개념이 형성되는가?
4. 성경적인 설교는 왜 중요한가?

참고도서

Forsyth, P.T. *Positive Preaching and the Modern Mind* : Independent, 1907.

Haselden, Kyle. *The Urgency of Preaching* : Harper & Row, 1963.

Meyer, F.B. *Expository Preaching Plans and Methods*, 1910 : Zondervan, 1954.

Montgomery, R.A. *Expository Preaching* : Fleming H. Revell, 1 9 3 .

Stott, John R. W. *Between Two Worlds: The Art of Preaching in the Twentieth Century* : Eerdmans, 1982.

6. 설교학과 해석학

옛적에, 어떤 탐험가가 고대의 해시계를 발견했다. 그 물건의 가치를 알아차린 그는 표면에 쌓여 있던 더러운 것들을 제거해 내고서 원래 상태로 잘 복원했다. 그런 뒤 이 탐험가는 여러 요소들(태양을 포함해서)로부터 그 해시계를 잘 보호할 수 있는 박물관에 갖다 두었다. 그는 그 해시계를 매우 귀중하게 여겼지만 사용하지는 않았다. 때때로 복음주의자들은 이 해시계를 갖고 있던 탐험가와 비슷해 설교를 할 때, 신학이 얼마나 중요한 것인지 잊어버리곤 한다.

설교학은 설교의 구성과 전달에 관한 내용을 다룬다. 설교자는 말씀의 전달과 소통자로서 수사법, 사회과학 그리고 커뮤니케이션 이론들을 빌려온다. 그러나 신앙적 내용을 다루기 때문에, 설교자는 이런 것들만이 아니라 해석학을 반드시 포함해서 다뤄야만 한다. 그렇기 때문에 설교학은 그저 단순하게 "메시지를 어떻게 하면 이해시킬 것인가?" 하는 문제만이 아니다. 설교자는 "나는 어떻게 메시지를 얻을 것인가?"에 대해서도 물어야 한다.

성경이 오류가 없는 하나님의 말씀이라고 믿는 모든 사람들은 "당신은 성경 안에서 당신을 향한 메시지를 찾을 수 있다."고 주장한다. 만약 우리가 성경을 하나님이 역사 속에서 자기 백성과 더불어 소통하셨던 방편이라고 믿는다면, 이런 믿음은 설교가 반드시 성경에 토대를 두고 있어야만 한다는 믿음으로 이어져야 한다. 그렇기 때문에 강해 설교는 그저 단순하게 설교의 한 형태로서만이 아니라(많은 형태들 중 하나가 아니라) 성경의 영감을 높이 바라보는 신학적 결과물이다. 그렇기에 강해 설교는 단순한 방법론보다는 철학에서 기원한다. 강해 설교는 설교자가 성경을 자기 생각에 종속시키지 않고 자기 생각을 성경에 복종시키려 하는 정직한 노력을 반영한다.

그렇지만 복음주의 강단에서 선포되는 모든 설교들이 그 원천을 성경에서만 찾고 있는 것은 아니다. 설령 성도들을 향해 성경이 하나님의 말씀이라고 선포한다 하더라도—심지어 열변을 토하면서까지—그것이 반드시 하나님의 말씀을 자세히 설명하고 있다는 것을 의미하지 않는다. 또한 실제로 모든 설교와 전통이 성경적인 기초 위에 세워지지 않는 경우도 많다.

사역자들은 종종 성경에 대한 새로운 조망 없이, 그리고 자신들이 선포하는 내용이 실제로 성경 본문에서 주어진 것이라는 사실을 사려 깊은 청중들에게 보여 주지 않고서, 그저 "흥미없고 오래된 이야기"만을 반복하기도 한다.

강해 설교

:

설교자들이 한 본문에 대해서 설교하고 이야기할 때, 종종 지적인 기교를 부리곤 한다.(당신은 이렇게 하지 않겠지만 이 말이 무슨 뜻인지 알 것이다.) 설교 본문과 설교는 어쩌면 그저 낯선 사람이 강단을 획하고 지나간 것에 불과할 수 있다. 그러나 성경 본문이 가르치는 내용을 간과하거나 누락해 버리는 것은 강단을 강탈하는 일이다. 미국 강단에서 널리 유행하는 주제 설교는 이단이 하는 것과 유사한 일을 하는 경우가 있다. 설교자는 신명기 18장 20절에서 하나님이 말씀하시지 않은 내용을 하나님의 이름으로 선포하는 선지자는 죽임을 당할 것이라는 경고를 반드시 기억해야 한다.

어떤 특정한 성경 구절을 언급하지 않으면서도 건전한 교리를 설교할 수 있다는 점을 충분히 인정하지만 성경 본문에 설교의 토대를 두어야 설교자가 오류로부터 안전할 수 있다. 좀 더 긍정적인 측면에서 생각해 보자면, 강해 설교를 통해서 설교자는 자기 자신의 권위를 넘어서는 권위로 설교할 수 있고, 또한 설교자 앞에 앉아서 설교를 듣는 성도들은 하나님이 그들에게 직접적으로 말씀하시는 것을 들을 수 있는 좀 더 나은 기회를 가지게 된다. 강해자는 자신의 메시지가 "사람의 말"이 아니라 "믿는 자들에게 역사하시는 진정한 하나님의 말씀"(살전2:13)임을 확신한다. 이 말이 실제적으로 의미하는 것은, 설교에서 제시되는 개념들과 내용들은 성경 본문에 그 근거를 두고 있어야만 한다는 것이다. 사실 이것은 도덕적인 문제이다. 고대 세계에서는, 소식을 전해 주는 사자使者는 강력한 목소리를 가져야만 했고, 뿐만 아니라 특별한 자질도 요구되어 졌다.

프리드리히 Hauch Friedrich 는 다음처럼 이야기한다.

> 많은 경우, 사자들은 매우 수다스러울 뿐만 아니라 과장스러운 경향을 갖고 있었다. 그래서 그들은 잘못된 소식을 전해줄 수도 있었다. 그러므로 그들에게는 자신들이 받은 그대로 메시지를 전달하는 것이 요구되었다. 그들이 전달하는 보고의 핵심은, 그 보고가 그들이 하고 싶은 말, 그들이 시작한 말이 아니라는 점이다. 그들의 보고 뒤에는 더 높은 권력자가 자리 잡고 있다. 사자는 자기 자신의 관점을 이야기하는 것이 아니다. 그는 주인의 목소리를 전하는 사람이다. …… 사자들은 그들에게 명령한 사람들의 마음가짐을 갖고 가며, 또한 그들 주인의 전권대사로서의 권세를 가지고 행동한다. 사자는 그저 주인의 입으로서만 역할하고 존재하는 것이기 때문에, 자기 자신의 관점을 첨가함으로써 자신에게 부여된 메시지를 왜곡해서는 안 된다.[1]

강해 설교들은 성경 본문에 대한 연구를 통해서 생겨나고 전달된다. 강해자는 자신의 설교의 본질적인 내용들을 성경 안에서 발견해 내야만 할 뿐만 아니라, 또한 자신이 메시지를 받은 그 성경 본문에 토대를 두고서 그 내용을 청중들에게 전해 주어야 한다. 그렇기 때문에, 설교자는 성경 본문을 연구할 때 성경 주해 그리고 해석학(즉, 문법, 역사, 문학양식, 본문의 사상적 문화적 배경들에 관한 내용 등)과 씨름해야 한다. 강단에서 설교자는 필요하면 성경 본문의 언어, 배경, 정황들에 대해 충분히 다루어야 하고 그렇게 함으로써 설교를 듣는 성도들은 설교자의 메시지가 성경에서 나온 것임을 동의하게 된다. 성경적인 설교에 대한 적절한 반응은, 목회자에게 훌륭한 전달자라고 칭찬해 주고 인정해 주는 것으로 나타나지 않는다. 그보다는 하나님이 말씀하시는 것을 전했는지 그리고 하나님을 신뢰하고 순종하는 삶을 살게하는 결과를 도출하는지에 달려있다.

강해 설교는 성경 주해와 해석학을 반영한다

효과적인 강해 설교는 대체적으로 성경 본문에 대한 설명과 적용을 다루기 때문에, 강해 설교는 모든 측면에서 성경 주해와 해석학을 반영한다. 한 가지 예를 들자면, 설교의 주제는 성경의 사상에서부터 발전되야 한다. 이 말은 지극히 당연한 내용을 마치 날카로운 통찰인 것처럼 이야기하는 듯 들릴 수도 있다. 그러나 우리는 이 내용을 지키지 않는 경우들을 너무나 자주 볼 수 있다. 성경 본문을 귀히 여기고 존중한다고 주장하는 모든 주일 설교 사역자들은 자신들이 이해하지도 못했거나 혹은 최선을 다해 연구하지 않은 성경 본문과 그 본문이 가르치는 바에 관해 설교한다.

적절한 예로, 기도에 관한 많은 설교들이 마태복음 18장 19절과 20

절에 나오는 말씀에 토대를 두고 행해져 왔다. "진실로 다시 너희에게 이르노니 너희 중의 두 사람이 땅에서 합심하여 무엇이든지 구하면 하늘에 계신 내 아버지께서 그들을 위하여 이루게 하시리라 두세 사람이 내 이름으로 모인 곳에는 나도 그들 중에 있느니라"[2] 우선 얼핏 보기에, 예수님은 두세 사람이 함께 모여 기도하는 것을 권장하시는 것으로 보이며, 또한 기독교인들이 함께 모여 무언가를 요청하는 기도를 합심해서 한다면, 하늘에 계신 아버지께서 이루어 주신다고 약속하는 것으로 보인다. 적어도 기본적인 양식이 있는 설교자라면, 이 구절들의 문맥에 대해 분석해 볼 것이다(만약 달라스 카우보이를 응원하는 두세 사람의 기독교인이 하나님에게 다음 번 경기에서 승리하게 해 달라고 합심해서 기도한다면, 그리고 상대팀에서도 몇몇 기독교인들이 카우보이 팀이 지게 해 달라고 기도한다면, 도대체 하나님은 어느 그룹의 기독교인들에게 응답하셔야 한단 말인가?).

실질적으로, 여기서의 말씀은 기도라는 주제와는 아무런 상관이 없고, 대신 죄를 범하는 기독교인이 어떻게 회복되어야 하는가와 관련되어 있다. 이 본문 바로 직전의 본문에서 "두세 명"이라는 언급은 기도를 위해 모인 작은 소그룹을 의미하는 것이 아니라, 16절에서 제시되었던 함께 데리고 간 증인들을 지칭하는데 사용되었다. "만일 (죄를 범하는 형제가) 듣지 않거든 한두 사람을 데리고 가서 두세 증인의 입으로 말마다 확증하게 하라" 그렇기 때문에, 예수님이 말씀하시는 모든 내용들은 죄를 범한 누군가를 다루는 기독교인들에게 적용되는 말씀이다. "문맥context 없는 본문text은 가설pretext이 될 뿐이다."

라는 오래된 경구가 떠오른다. 성경 본문에서 개별적인 단어들의 의미를 파악하는 과정에서, 우리는 종종 단어들이란 단순히 "의미의 들판을 보여 주는 의미론적인 표시들"일 뿐이라는 사실을 잊곤 한다. 특정적인 표현들과 진술들은 그 표현들을 포함하는 좀 더 넓고 전체적인 사상 속에서 이해해야 하며, 그렇지 않으면 우리가 가르치는 내용은 전혀 하나님의 말씀이 아닐 수도 있다.

사실, 축자영감에 대한 강조는 때때로 설교자로 하여금 성경 본문에 대한 자의적인 해석이나 오류에 빠지게끔 유혹한다. 예를 들어 보도록 하자. '하나님의 뜻을 어떻게 알 수 있는가'에 관한 설교는, "내적인 평화는 우리 결정이 하나님의 인도하심에 부합한다는 것을 확인해 준다."라는 명제로 나아간다. 이를 뒷받침하기 위해서 "그리고 그리스도의 평강이 너희 마음을 주장하게 하라"라는 골로새서 3장 15절 말씀이 제공된다. 성경 본문의 모든 말씀들은 하나님의 감동으로 된 것이기 때문에, 설교자는 브라뷰에토(원형은 braxzeo, "주장하다, 다스리다, 심판을 보다")라는 단어 연구를 제시한다. 그러고 나서 우리가 내리는 각각의 결정들에 대해서 그리스도가 평강을 주심으로써 "판단한다."라는 내용으로 나아간다. 기독교인이 하나님의 뜻 안에서 살아갈 때, 그는 "모든 이해를 넘어서고 감찰하시는" 평강을 경험한다. 이런 평강을 통해서, 주이신 그리스도는 우리가 내리는 결정들이 올바른 것인지에 대해 확인해 주신다. 기독교인들이 잘못된 결정들을 내리게 된다면, 그들은 내적인 갈등을 겪게 될 것이다. 이는 하나님의 뜻밖으로 나갔다는 것을 보여 주는 징표가 된다.

이런 식의 접근은 나름대로 주해의 틀을 갖고 있다. 또한 이런 설교는 헬라어 본문을 강조해서 매우 실제적인 것처럼 들리기도 한다. 그러나 불행하게도, 이런 설교는 결코 성경적이지 않다. 이 본문의 문맥context을 잘 읽어 보면, 이 본문은 바울이 결정 내리는 법에 관해서 이야기하고 있는 것이 아니라, 기독교인이 어떻게 다른 사람들과 서로 관계를 맺어야만 하는지에 관해 이야기한다는 것을 알 수 있다. 애보트T.K.Abbott는 그리스도의 평강이라는 구문이 "한 사람의 내적인 평강을 의미하는 것이 아니라, 문맥이 보여 주듯이 서로 간의 화평"을 뜻한다고 지적한다. 하나님의 인도하심을 설교하기 위해 골로새서 3장 15절을 사용하는 것은, 사도가 의도했던 내용과 주제를 완전히 무시해 버리는 일이다. 설교가 성경을 이렇게 자의적으로 다루는 것에서부터 진행된다면, 그러한 설교는 건전한 해석학과 설교학을 분리시키는 것이다.

한 구절이나 혹은 구절의 일부분을 설교 "본문"으로 사용하는 일반적인 관습은, 많은 설교자들을 원래 성경 저자가 의도했던 의미에서 벗어나게 한다는 비난을 받을 수 있다. 예를 들어서, 많은 사역자들은 시편 11편 3절 "터가 무너지면 의인이 무엇을 하랴"라는 질문을 제시하면서 사람들에게 하나님에게로 돌아오라고, 믿음의 터로 돌아오라고, 혹은 잃어버린 도덕성을 회복하라고 초청하곤 한다. 하지만 이 질문은 수사법적으로 제시된 질문이다. 만약 터가 없다면 의인은 아무것도 할 수 없다. 그러나 이 질문은, 분명 친구가 하나님의 원수로서 하는 이야기이다. 그들은 필사적으로 "만약 터가 무너지게 된다면, 의인이 포기하는 것 말고 도대체 무엇을 할 수 있단 말인가?"라고 질문한다. 하지만 이 시편의 후반부에서 다윗은 의로운 사람들은 당당한 선택의 자유를 갖고 있다고 대답한다. 그들의 믿음은 터에 의지하고 있는 것이 아니라, 악인과 의인을 심판하시고 판단하시는 주권자 하나님을 의지한다. 3절에 나오는 질문에서부터 출발하는 설교들은 교회에서나 사회에서의 터전들을 든든하게 해주는 여러 자극들을 줄 수 있을지는 몰라도, 이런 설교는 성경적인 설교가 아니다. 사실 이런 설교는 그 자체가 성경적 사상의 터전을 침식해 들어가는 방법론에서부터 시작되고 진행해 나가는 설교이다.

데일R.W.Dale은 설교에 대한 강의에서 영국의 한 사역자가 어떤 구절, 잠언이라고 짐작되는 구절을 토대로 설교를 준비한 것에 관해 이야기했다. 주일 아침에 교회로 출발하기 전, 그는 그 구절이 정확하게 어디에 있는지 찾아보기로 했다. 잠언의 페이지들을 다 넘겨 봤지만, 그는 자신이 생각한 본문을 찾을 수 없었다. 낙담한 나머지 그는 성구 사전을 뒤적여 봤지만 거기서도 그 구절을 찾을 수 없었다. 그래서 설교를 시작해야 할 시간이 다가왔을 때, 그는 "성도 여러분, 여러분들은 가장 지혜로운 왕이 남긴 이야기들을 기억하실 것입니다."라는 말로 시작했다. 그런 뒤 설교를 진행해 갔다. 이 사건에 토대를 두고서, 데일은 이런 충고를 했다. "설교 본문을 택할 때, 그 본문이 정말로 성경 안에 있는지 확인하도록 하십시오."[3] 우리는 이 충고에다가, 설교자가 성경 안에서 어떤 진술이나 서술을 발견할 때, 설교자는 자신이 설교하고 선포하고자 하는 내용이 과연 성경이 실제로 말하고 있는 내용인지 아닌지를 반드시 확인해야 한다는 내용을 덧붙여야 한다. 이렇게 하지 않는다면, 그것은 설교학을 위한 해석학을 포기하고 희생하는 것이다.

주제 정하기

설교의 기본적인 핵심 주제를 결정하는 데 있어서 해석학에 관심을 두는 것은 성실성의 문제이다. 백여년 전에, 나다니엘 버튼$^{\text{Nathaniel J. Burton}}$은 예일대학에서 설교에 관한 강연을 하면서, 하나님을 대리하는 자리에 서고자 하는 모든 사람들에게 이렇게 이야기했다.

> 무엇이 훼손인가? 여러 가지 훼손 가운데 한 가지는, 말하지도 않은 내용을 말했다고 보고하는 것이다. 그렇다면 성경이 말하는 것에 대해서 누군가가 부정확하게 그리고 주해하지도 않은 채 더듬거리며 이런 저런 이야기를 공개적으로 매주 몇 시간씩 이야기해댄다면, 그것이 어찌 성경을 훼손하는 것이 아니겠는가? 그렇기에, 다른 사람이 아니라 바로 우리가 그런 정확성을 가져야 한다는 점이 우리를 철학으로, 주해로, 심오한 해석으로 나아가도록 인도한다. 만약 우리가 의도적으로 잘못된 의미를 제시한다면, 우린 너무나 명백하게 거짓말쟁이가 된다. 그러나 만약 우리가 부주의나 혹은 게으름 때문에 잘못된 의미를 제시하게 된다면, 그건

우리 안에 우리를 거짓말쟁이로 만드는 요소들이 자리 잡고 있다는 사실을 보여 주는 것이다. 또한 우리는 잘못된 것임을 입증하는 데 결코 어려움을 느끼지 않는 메시지들을 아무런 거리낌없이 즐거이 선포하고 있는 것이다.[4]

성경적인 설교는 중심 주제에 있어서 성경에 참되고 충실해야 할 뿐만 아니라, 그 주제들을 발전시켜 나가는 과정에 있어서도 역시 그러해야 한다. 성경에서 출발하는 많은 설교들이 설교 구성하는데 있어서 성경에서 벗어나 길을 잃곤 한다. 때때로 목회자들은, 영감을 받은 성경 저자들의 본래의 의도를 드러내지 못하는 성경 본문으로, 설교학적 방법들을 통해 사상의 짜집기를 하도록 유혹받는다. 신발이 발을 향해서 얼마만큼 어떻게 성장해야한다고 말해서는 절대로 안 된다. 진정으로 성경적이려면, 설교의 기본적인 개념을 뒷받침해 주는 핵심적인 주장들과 근거들 역시, 설교가 근거를 두고 있는 성경 본문에 근거를 두고 있어야 한다. 물론 설교자는 때때로 자신의 설교 재료들을 심리적인 성향을 따라서 재배치할 수도 있다. 그러나 설교의 개요가 어떤 구성을 갖추고 있든지, 설교 구성은 설교를 듣는 성도들, 설교자, 혹은 상황에 따라 달라질 수 있다. 그러나 그 내용은 성경 저자의 주장을 반영해야 하며 성경 저자의 사상이 설교 구성을 지배해야 한다.

구체적 일례로서, 빌립보서 3장 13-14절에서 바울은 1절에서 시작했던 내용들을 총합적으로 정돈한다. "형제들아 나는 아직 내가 잡은 줄로 여기지 아니하고 오직 한 일 즉 뒤에 있는 것은 잊어버리고 앞에 있는 것을 잡으려고 푯대를 향하여 그리스도 예수 안에서 하나님이 위에서 부르신 부름의 상을 위하여 달려가노라." 앞선 열두 절을 통해서, 바울은 그리스도를 아는 지식과 그의 의를 얻는 것의 고상함이 다른 가치를 의미 없는 것으로 그리고 배설물로 여기도록 만들었다고 주장한다. 이 본문의 핵심적인 주제는 그리스도를 아는 지식을 위해 어떤 것들을 포기해야 하는가 하는 한 가지 공통적인 점과 관련해 발전되어 왔다. 일반적으로 권력, 재산, 지위, 열정 등과 같은 가치들을 언급할 수 있다. 그러나 이 본문 안에서 바울은 이런 내용들에 대해서는 전혀 이야기하지 않는다. 이런 일들이 바리새인 사울에게도 과연 중요한 문제였는지 아니었는지를 입증하는 것은 매우 어려운 일이다. 사도가 그리스도를 아는 지식을 위해 포기했던 것들은, 이미 소유하고 있던 영적 지위가 주는 유익이었다. 율법에 대한 그의 지식과 순종, 하나님으로 인한 열정, 그의 유전, 그리고 그의 종교적 훈련이 그것이다. 바울은 율법주의적인 의로움을 얻기 위한 자기 노력과 자기 존중에 등을 돌려 버렸다. 믿음을 통해서 주어지는 그리고 예수 그리스도와의 하나됨을 통해서 주어지는, 전혀 다른 종류의 의로움을 얻기 위해서 말이다.

   사도가 발전시킨 사상은 이 본문들에 대한 일반적인 설교들과는 매우 두드러지게 다른 것이었다. 결과적으로, 설교자는 위대한 성경적 주제가 갖는 능력과, 상투적으로 보이지만 받아들여야만 하는 중요한 내용이 갖는 능력을 놓쳤을 뿐만 아니라, 좀 더 기본적으로는 설교학을 성경 주해와 정확한 해석학과는 아무 상관이 없도록 만들어 버렸다. 만약 하나님이 성경의 저술을 감독하셨고, 또한 구체적인 내용들을 보호하셨다면, 성경적인 설교는 주제에서나 설교의 구성과 발전 등에 있어서 하나님의 생각을 반드시 반영해야만 한다. 이런 식의 설교는 다양성이 없어서 힘들다고 생각할지도 모르지만, 설교자가 자신의 생각을 성경 저자에게 복속시키면 그 어떤 설교학적 방법도 제공해 줄 수 없는 놀라운 생명력을 만들 수 있음을 발견하게 될 것이다.

도널드 밀러Donald Miller는 그의 책에서 이점에 대해 집중적으로 다룬다.

> 누군가가 성경은 그 안에 담긴 주제들이 놀랄 만큼 많은 것이 아니라는 점을 지적했다. 그러나 성경이 몇 안 되는 매우 위대한 주제들을 제시한 방법들은 분명 무수하게 다양하다. 대부분의 경우 설교자 자신의 개별적인 노력보다는 성경 자체의 다양성을 고찰하고 반영하는 것이, 연속되는 설교에 있어서 단조로움에서 벗어나는 좀 더 효과적인 방법이다.[5]

목적을 분명히 하기

정직한 주해와 건전한 해석학을 통해 구성된 설교는, 그 목적에 있어서도 성경에 잘 부합하고 진실할 것이다. 적어도 이론적으로는, 모든 설교가 목적을 갖고 있다. "나는 왜 이 설교를 하는가?"에 대한 대답을 갖고 있다는 말이다. 설교 주제가 설교를 통해 제시할 진리를 보여 주는 것이라면, 설교의 목적은 어떤 진리를 성취하고자 하는지를 설명한다. 목적에 대한 서술은, 진리가 그 자체가 목표로서 존재하는 것이 아니라 하나님, 그리고 이웃과의 관계를 세우는 도구로서 존재한다는 사실을 인식하는 것이다. 성경적인 설교는 설교의 목적을 그저 청중에 대한 연구에서 발견하는 것이 아니라 성경 주해와 해석학을 통해서 주로 발견한다. 성경이라는 거룩한 저술에 담겨 있는 모든 부분의 이면에는, 저자가 왜 그 내용들을 포함시켰는지 그 이유가 내재되어 있다. 성경 중 어떤 책들에서는, 그 목적이 분명하게 진술되어 있지만(가령, 딤전3:14-15, 요20:31), 반면 다른 책들에서는 내용을 좀 더 넓은 범주에서 바라보고 연구를 해야만 목적을 발견할 수 있는 경우들도 있다. 성경을 존귀히 여기는 설교자들은 설교의 목적을 성경 저자가 추구하던 목표와 동일하게 맞출 것이다.

욥기와 같은 성경을 정확하게 해석하려면, 설교자는 욥기의 저자가 갖고 있던 목적이 무엇인지를 결정할 필요가 있다. 욥의 친구들의 이야기는 비록 하나님의 말씀 안에 기록되어 있기는 하지만, 그 이야기들이 반드시 하나님의 말씀인 것은 아니다. 욥을 위로하려던 자들은 고통에 대해서 많은 설명들을 제시하지만(이 설명들 대부분은 반쪽짜리 진리들일 뿐이다) 욥기의 결론 부분에서 하나님은 이런 설명들이 틀렸다고 선포하신다. 고대의 이 상담가들이 부적절한 신학을 통해 이야기를 하고 행동했다는 사실을 설명해 주고 보여 주는 설교는, 욥기의 목적과 일련의 연관성을 갖는 설교가 되겠지만, 그들이 제시한 생각들이나 그들의 논리 전개들을 마치 그들이 하나님의 진리를 이야기한 것처럼 설교의 주제를 잡는다면 그건 욥기의 목표를 완전히 무시하는 일이 될 것이다.

이보다는 좀 덜 명확하기는 하지만, 역사적인 내러티브들을 도덕이나 좋은 덕목, 혹은 영적 분투의 문제로 바라보고 사용하는 일반적인 관습도, 성경 저자의 목적을 무시하는 또 다른 해로운 방법이다. 이런 방식의 설교들에서, 다윗과 요나단 사이의 우정은 모든 기독교인들이 닮아야 할 이상적인 모델로 제시된다. 예수님과 우물가의 여인 사이의 대화는 개인 복음전도에 관한 교훈을 보여 주는 것으로 제시 되며, 룻과 나오미의 이야기는 기독교인들이 어떻게 시부모님과 관계를 맺어야하는지를 보여 주는 본보기가 되어 버린다. 야곱이 브니엘에서 씨름했던 것은 한 사람이 축복을 받기 위해 하나님과 어떻게 씨름해야 하는지를 보여 주는 이야기가 되고 느헤미야는 리더십에 관한 책이 되고 만다. 이런 설교들에서는, 성경 저자가 이런 역사들을 과연 그런 목적과 그런 방식으로 사용하려 했는지는 전혀 물어보지 않는다.

역사적 내러티브와 만나게 되었을 때, 설교자는 질문해야 한다, "오래전에 벌어진, 그리고 현재와 멀리 떨어진 곳에서 벌어진 이 사건은, 지금 여기에서 살아가는 하나님의 백성들과 어떤 관계성을 갖고 있는가?" 한 가지 해답은 성경 속의 사건들을 우리가 좇아야 할 훌륭한 모습이나 혹은 우리가 피해야만 하는 악한 모습의 전형으로 사용하는 것이다.

드와이트 스티븐슨Dwight Stevenson은 이런 경우에 대해서 다음과 같이 이야기한다.

> 탁월한 문학으로서 성경은 거울과도 같다. 우리가 성경 안에서 보게 되는 대부분의 사람들은 우리의 모습을 반영한다. 우리는 우리 자신이 성경 속에 거울처럼 비춰지는 것을 볼 수 있다. 설교를 듣거나 성경을 읽는 사람들은, 본문 속에 몰래 살금살금 들어올 필요가 없다. 그는 이미 본문, 그 속에 있기 때문이다. 이런 일이 가능한 것은, 우리가 이미 경험했다시피 연극을 관람하면서 무대 위의 배우와 자기 자신을 동일시하거나 혹은 소설을 읽으면서 주인공과 자기 자신을 동일시하는 그런 동일시와 역동성 때문이다.[6]

이런 예화적 접근은 현대 미국의 설교 문학에 반영되어 있다. 로이드 페리Lloyd Perry는 전기 설교들에 관해 서술할 때 자신의 『성경적 설교를 위한 매뉴얼』Manual for Biblical Preaching이라는 책에서 이 전통에 관해 이야기한다.

이 방법은 성경 본문이 현재와의 깊은 연관성을 제시하고 보여 준다는 점에서 아주 훌륭하다고 할 수 있다. 성경 인물들에 대한 설교는 사역자들에게 아주 명쾌한 방식으로, 현대의 성도들에게 성경 속 인물의 경험을 제시해 줄 수 있게끔 해주기 때문이다. 더군다나 이런 형태로 주제를 사용하는 것은, 실제 상황들을 직면했던 실제 인물들을 통해 성경을 생동감 있게 만드는 것을 도와주며, 또한 이런 방식은 그들의 삶과 어려움들과 소망들과 하나님과의 관계와 관련되고 이것들이 친밀하게 포함되어 있기에 성경을 생생하게 만들어 주는 데 도움을 준다. 풍성한 성경 자료들은 위인전적인 설교의 목적을 위해 존재한다. 그리고 이런 형태의 주제 제시는, 비록 성경 안에 이름이 드러나 있지는 않지만 하나님을 위해 살았고 하나님 나라를 위해 많은 기여를 했던 사람들의 삶에 관한 메시지에 이끌어 낼 가능성도 포함한다.[7]

역사적 내러티브들을 본보기로 사용하는 행위는, 흔히 고린도전서 10장을 근거로 정당화되곤 한다. 바울은 이 부분에서 이스라엘 역사에 나오는 몇몇 에피소드들을 설명하고 있으며, 6절에서는 자신의 독자들에게 경고를 하는데, 이런 예들을 사용한다. "이러한 일은 우리의 본보기가 되어 우리로 하여금 그들이 악을 즐겨 한 것 같이 즐겨 하는 자가 되지 않게 하려 함이니" 그러고 나서 바울은 고린도 성도들이 이런 선조들의 경험들을 통해 무엇을 배웠어야 했는지를 상세하게 설명한 뒤, 11절에서는 이 사건들의 의미에 대해 다음처럼 관찰하고 설명한다. "그들에게 일어난 이런 일은 본보기가 되고 또한 말세를 만난 우리를 깨우치기 위하여 기록되었느니라"

하지만 설교자가 이 본문을 본보기적 설교에 대한 성경적 근거로 제시할 수 있으려면, 그 이전에 이 본문에 대한 주해를 위해 씨름하고 분투해야만 한다. 첫 번째로, "본보기"라고 번역된 헬라어 단어

투포스tupos는, "예시, 예화"라는 일반적인 용례와 의미가 다르다. 투포스는 이스라엘 역사 속에서 하나님의 백성들이 죄를 범할 때 하나님이 자기 백성을 어떻게 다루셨는지를 보여 주는 사건을 지칭한다. 이 사건 속에서 나타나는 하나님의 역사하심은, 하나님이 그분의 약속들을 어떻게 지키시는지를 보여 준다. 그리고 이 사건은 성경의 일부가 되어 모든 세대의 믿음의 공동체를 향한 경고가 되었다. 하나님은 "전형적인" 관계성을 만드셨으며, 이 사실은 그런 사건들이 왜 "기록되었는지"를 설명한다.

하나님이 그분의 약속을 지키시기 때문에 과거의 사건은 그와 유사한 현재와 미래의 사건들을 모형적으로 보여 주는데, 이뿐만이 아니라 고린도전서에서는 이런 사건들이 실제로 일어났다는 점에도 강조점을 두고 있다. 바울이 본보기에 관해 이야기할 때, 그는 자신의 독자들이 "자기 자신의 모습을 이야기 속에서" 발견해야 한다는 뜻에서 말하는 것이 아니라, 거룩한 역사 속에서 실제로 일어났던 사건들 속에서 무언가를 배우라고 독려하는 의미에서 이야기하는 것이다. 하인리히 밀러Heinrich Miller가 제시하듯이, "일부가 제안하는 형이상학적인 해석과는 달리, 구속사는 구체적인 인간 역사 속에서 하나님의 자기 성취적인 역사하심으로 해석된다."[8] 그렇기 때문에, 투포스는, 진리를 좀 더 돋보이게 해주는 예화나 본보기보다는 "증거"나 혹은 "모델"에 좀 더 가깝다.

분명히 말하지만, 바울은 마치 이런 성경의 사건들이 하나님의 권위를 갖고 있는 양 전제하면서 회화적으로나 교육적으로나 예화적으로 사용하려고 이런 사건들을 도입하는 행위를 정당화하지 않았다. 어떤 점을 설명하거나 적용하기 위해서 혹은 성도들에게 어떤 명제가 타당하다는 점을 확신시키기 위해서 성경이 예화의 소스 역할을 할 수 있을지는 몰라도, 역사적 사건이 그 목적과 분리되어 버린다면, 그 사건은 성경의 무게감을 갖고 있는 것이 아니다. 그런 식이 되면, 교회사나 문학, 혹은 조간 신문에 나오는 이야기와 본보기들도 그런 식의 역할을 할 것이다. 사실 우리는 현대의 비성경적인 예화들이 좀 더 효과적이라고 주장할 수도 있다. 이 예화들은 생소한 것들을 익숙한 것들을 통해서 설명할 것이고, 또한 성경에서 나온 이야기들이 영감을 전달한다고 주장하지도 않을 것이기 때문이다.

설교자가 어떤 사건을 자기 설교 본문으로 사용해 설교할 때, 그 본문 문단의 목적을 무시한다면, 그는 자유주의 신학에 대해 아무런 방어도 할 수 없다. 만약 설교자가 교회 장의자에 앉아 있는 성도들이 당하는 유혹과 문제 거리들에 관해 이야기할 목적으로 역사적 내러티브를 멋대로 사용한다면, 그는 성경 저자가 의도하지 않았던 식으로 부적절한 방식으로 본문을 끌어다 사용하기보다는 차라리 성경 본문을 옆으로 치워 버리는 편이 나을 것이다.

시드니 크레이다누스Sidney Greidanus는 자신의 책인 『솔라 스크립투라』Sola Scriptura에서 이 문제에 대해 다음과 같이 이야기한다.

> 이론상으로는 너무나 열정적으로 고백되는 "오직 성경만으로(솔라 스크립투라Sola Scriptura)"라는 경구는, 사실 본보기적인 설교를 할

때엔 거의 역할을 하지 못한다. 본보기적인 설교에서는 성경이 거의 필요하지 않다. 역설적이게도, 본보기적인 설교자들은 성경 본문 안에 나오는 사람들이 개인적으로 분투하는 모습을 묘사해 내기 위해 정말 열심히 노력하며, 이와 함께 그 내용을 지금 설교단 앞에 앉아 있는 성도들과 연관지으려 무진 애를 쓴다. 방법론적으로 본다면, 설교자가 성도들에게 그저 한 사람의 모습을 묘사해 주기만 하면 되니 설교자는 수고를 덜 수 있을 것이다. 그러나 설교자는 관련성을 찾으려는 동기를 갖고 있기 때문에, 성경 본문 안에 나오는 사람의 모습이 갖는 차별성을 상실하게 된다.9)

분명 설교자는 성경 속의 인물들과 교회에 지금 앉아 있는 성도들 사이의 유사성을 끌어내야 마땅하다. 다만 역사적인 정황 속에서 본문이 갖고 있던 목적을 무시한 채 한 가지 본보기로부터 권위적인 원칙들을 이끌어내는 것, 이런 정당치 못한 유사성을 이끌어내는 것에 대해 이의를 제기하는 것이다.

역사적 내러티브 다루기

그렇다면 설교자는 역사적 내러티브 성경 본문을 어떻게 다루어야 그 본문들의 영감과 권위를 보존할 수 있을까? 첫 번째로, 설교자는 성경 저자들이 세상에 대해 방부제를 치고 세상을 초월한 척하면서 성경을 쓴 것이 아님을 이해해야 한다. 성경 저자들은 도덕적으로나 영적으로 중립이 아니었다. 성경의 역사가들은 신학자들이었고, 또한 그들은 하나님의 관점에서 역사를 기록했다. 예를 들어서, 사복음서의 저자들은 우리에게 예수님의 생애에 대한 네 개의 연대기를 제공하는 것이 아니다. 이들은 신학적 관점으로 역사를 기록하는 복음전도자들이었다. 구약 성경과 신약 성경에 나오는 내러티브들은 양자 모두다 역사 속에서 이루어진 하나님의 일하심을 선포한다. 그렇기 때문에, 설교자는 특정한 본문을 다루기 전에 왜 성경 저자가 이 역사를 자신의 특정한 독자들을 위해 기록했는지를 물으며 좀 더 넓은 범주의 정황을 살펴봐야 한다. 성경 저자가 자신의 독자들에게 무언가를 말하기 위해 앉았던 바로 그 자리에 설교자가 앉을 때 까지, 설교자는 결코 한 권의 성경이나 혹은 성경 본문이 오늘날의 기독교인들과 어떤 연관성이 있는지 결론을 내릴 수 없다. 설교의 목적은 역사적 내러티브 자체의 목적에서부터 흘러나와야 한다. 우리는 성경 본문을 읽을 때, 20세기의 삶의 정황들 속에서 본문을 읽을 수 있으려면, 반드시 먼저 성경의 첫 번째 독자들이 본문을 읽었던 것처럼 성경 본문을 읽어야 한다.

이는 설교자가 본문을 정경의 일부분으로 다루어야 한다는 것을 뜻한다. 성경 본문의 원자료에 대한 연구가 본문의 의미에 대한 지침을 제공해 줄 수 있을지는 몰라도, 설교자는 전승들이나 혹은 "본문 이전의" 원자료들을 다루지는 않는다. 설교자의 중심적인 관심은 최종적인 형태로 전해진 성경 본문 그 자체이며 정경 형태의 성경이다.

역사가 응축된 방식대로 메시지도 골격을 갖추었기 때문이다. 성경의 다른 여러 문학 양식들과 마찬가지로 내러티브도 그 자체의 정황 속에 그대로 유지되어야만 한다. 설교자는 자기 목적에 맞추려 성경 각 장들에서 사건을 꺼내다가 적절한 곳에 재배치하거나 갖다 붙여서는 안된다.10)

설교자는 성경 본문 내용이 어떻게 배치되어 있는지를 연구하는 것을 통해, 그리고 성경 저자가 편집자의 시각으로 제공해 주는 설명을 통해서, 내러티브의 목적을 발견한다. 예를 들어, 다윗이 밧세바를 범하고 그 이후에 그의 남편 우리아를 살해하는 사건의 경우, 사무엘하의 저자는 우리에게 "우리아의 아내가 자기 남편이 죽었다는 소식을 듣고 그를 위해 곡을 했으며, 곡하는 기간이 끝난 뒤에, 다윗은 밧세바를 자기 집으로 데려와 아내를 삼았고 그녀는 아들을 낳았다."라고 이야기해 준다. 이 내러티브에서 다윗은 자신의 죄를 재빠르게 덮는 것을 통해 자기 명예를 보호하려 하는 모습이 나타났다. 하지만 이 사건을 기록한 역사가는 "다윗이 행한 그 일이 여호와 보시기에 악하였더라"(삼하11:27)라는 언급을 덧붙이면서 신학자가 된다. 뒤이어 나오는 페이지들에서, '역사가-신학자' 로서의 저자는 다윗 가문에서 벌어지는 일련의 비극들에 대해 자세히 이야기한다. 암몬이 그의 이복 여동생 다말을 강간하고, 그에 대한 복수로 압살롬에게 살해 당하는 이야기가 뒤이어 나온다. 다윗이 가장 사랑했던 아들인 압살롬은 자기 아버지에게 반역을 하고, 다윗의 첩들을 공개적으로 범하는 죄를 저지른다. 이후에 압살롬은 요압의 손에 죽음을 당하는데, 요압은 우리아를 죽이는 일에 연루되었던 바로 그 장군이었다. 이 모든 사건들은 다윗의 불순종에 대한 짐으로서 나타난다. 역사가는 도덕적으로 설명하지는 않지만, 그의 편집자적인 설명과 사건 배열 순서들은 그의 목적이 무엇인지를 보여 준다. 용서가 죄의 결과들을 반드시 모두 제거해 주는 것은 아니며, 하나님은 비밀리에 저질러진 행동에 대해 드러내놓고 벌을 주신다는 메시지를 전달하려는 것이다.

에글론이 이스라엘을 향해 승리하는 내러티브와 에훗이 그를 소름 끼치게 암살하는 내러티브(삿 3장)는 하나님이 독재자를 죽이는 것을 승인하신다는 증거 본문으로 사용되곤 했다. 어떤 사람들은 이 본문에 대해 도덕적인 설명을 하면서 우리들 모든 사람들이 바로 에훗이며 자기 마음속에 살인의 마음을 갖고 있다는 식으로 이 본문을 바라보기도 한다. 그러나 사사기 저자는 다음처럼 논평한다. "여호와께서 모압 왕 에글론을 강성하게 하사"(삿 3:12). 또한 다시금 "여호와께서 그들을 위하여 한 구원자를 세우셨으니"(삿 3:15)라고 이야기한다. 분명, 이 역사가의 목적은 정치적 암살에 대한 사례 연구가 아니라 하나님이 이 세상의 에글론과 에훗을 통해 일하셔서 역사 속에서 자기 백성을 위한 그분의 목적을 성취하신다는 것을 보여 주는 것이다.[11] 비록 윤리적인 요소가 남기는 하지만, 이 기록은 성경의 저자 하나님의 관점에서부터 발전되며, 또한 충격적인 정치적 음모들조차도 하나님의 통제를 받는다는 사실을 제시해 준다.

이 모든 것들은 강해 설교에 있어서 주제, 발전 그리고 설교의 목적이 적절한 본문 주해와 해석학으로부터 진행되어야 하며, 그런 뒤에 오늘날의 교회를 향해 적용되어야 한다고 이야기해 준다. 사역자는 본문과 성도들을 분석하고 주해해야만 한다. 사역자는 자신의 사역 대상인 사람들이 어떤 점에서, 1세기와 그 이후 수세기 동안 하나님의 백성들과 공통점을 갖고 있고 또한 어떤 점에서 공유점을 갖지 않는지를 잘 인식해야 한다. 정확한 주해는 물론이거니와 현재와 관련된 적용은, 모두다 반드시 해결되어야 하는 해석학적 질문들을 제기한다.

본문의 분위기(Mood)

주해와 해석학은 설교의 분위기 속에도 반영되어야 한다. 한 본문이 갖는 주제나 분위기를 찾아내는 것보다 성경 저자가 그 본문 속에 반영한 감정을 콕 찝어 내는 것이 좀 더 어려운 일일 수 있지만, 여하튼 한 본문은 각각의 분위기를 갖고 있다. 분위기에는 저자의 느낌들이 포함되고 또한 저자의 저술이 독자에게 불러일으키는 감상들도 포함된다. 어떤 본문들에는 생생한 소망이 담겨 있고, 어떤 본문에는 경고가 담겨 있다. 어떤 본문은 기쁨의 느낌이, 어떤 본문에는 불의에 대한 분노가, 다른 본문에는 승리에 대한 도취가 담겨 있다. 진정한 강해 설교는 설교를 듣는 성도들에게 성경 본문이 독자에게 불러일으키는 분위기를 전달하고 만들어 주어야 한다.

마빈 빈센트Marvin R. Vincent는 분위기에 대해서 다음처럼 이야기했다.

> 주해자는 반드시 …… 자기 자신을 본문이 나온 그 시대의 바로 그 분위기와 그 정신에 세워 놓도록 해야 한다. 그저 알기 위해서만이 아니라, 성경 본문에 나오는 행동들과 말씀들을 느끼기 위해서 말이다. 설교자는 야곱의 약삭빠른 특성을 잡아내야만 한다. 설교자는 드보라의 용맹한 열정에 같이 타올라야만 하고, 입다의 정치적 영민함과 그에 못지 않은 아버지로서의 부드러움을 적절하게 파악해야 한다. 설교자는 예루살렘의 슬픈 기억들과 영감을 갖고 노래하는 순례자, 시편의 시인들처럼 전율해야 한다. 설교자는 바울이 빌립보 성도들을 향해 보낸 편지에 흘러넘치는 위대한 사랑에 감동 받아야 하며, 갈라디아 성도들과 고린도 성도들에게 보낸 그의 의로운 울분과 함께 타올라야 한다.[12]

설교자 자신이 본문의 분위기나 정신에 빠져들어가야 한다. 한 가지 경우를 예로 제시하자면, 베드로전서를 시작하는 맨 앞 구절들에 대한 설교는, 기독교인에게 살아있는 소망을 주신 하나님을 찬양하는 내용을 발산해야만 한다. 그러나 회중을 꾸지람하는 성향의 사역자는 설교를 듣는 성도들에게 이런 소망이 없다는 것을 추궁하면서 죄책감이 드는 분위기를 만들 수 있다. 다른 본문들은 책망하는 분위기를 가질 수도 있지만, 이 본문은 그렇지 않다. 그리고 감사와 승리의 분위기로 전환하는데 실패하는 것은, 당시 사도들과 교회들의 분위기라기보다는 오늘날 교회의 패배적인 분위기를 사는 것이다.

한 본문 안에는 그 본문이 강하게 뒷받침해 주는 주도적인 중심주제들이 있는 것처럼, 좀 더 넓은 범위의 본문들에서는 중추적이면서도 소소한 분위기들이 나타난다. 전체를 총괄해나가는 주제들이 있는 것과 마찬가지로 지배적인 분위기들도 있다. 적어도 이 지배적인 분위기가 설교의 분위기와 색깔도 정해야만 한다. 본문의 분위기를 재현해 내기 위해서는 사상, 감정 그리고 기술 등이 필요하고, 강해설교자는 본문의 메시지에 대해서와 마찬가지로 본문의 분위기에 대해서도 진실할 필요가 있다. 시인, 희곡작가, 예술가, 선지자 그리고 설교자가 해야 하는 일들은 사람들로 하여금 느끼고 보게 한다는 공통점이 있다.

피터 마샬Peter Marshall은 설교자들을 향한 도전을 다음과 같이 묘사했다.

> 우리가 해야 하는 일은 성경 본문을 가져다가 매우 조심스럽고 정확하게 그 본문과 본문의 정황을 재구성해서 그 장면이 살아 숨쉬게 하는 것이다. 그 장면을 우리가 먼저 본 뒤에 우리는 설교를 듣는 성도들을 그 상상의 지점으로 데리고 간다. 우리는 무슨 일이 벌어졌는지를 그들이 보게 하고 듣게 해서 본문이 그들의 마음과 생각 속에 영원히 살아가게끔 한다. 이는 이 세상의 큰 드라마를 보여 주는 필름 …… 성경에서부터 나오는 뉴스나 영화와도 같다.[13]

결론

그렇기 때문에 주해, 해석학 그리고 설교학은 하나로 묶여져야만 한다. 성경적인 설교자는 기록된 하나님의 말씀과, 사람들의 마음과 지성이라는 두 간격을 연결해 주는 다리를 세운다. 성경적인 설교자는 성경 본문을 정확하고 쉽게 해석해야 하며, 그 내용을 진실하게 적용해서 진리가 이 다리를 건너가게끔 해야 한다.

바울은 디모데를 향한 자신의 마지막 편지에서 디모데를 향해 하나님의 말씀을 "옳게 분별하라"고 격려한다. 헬라어 단어 오소토문타*orthotomounta*는 길을 만드는 것과 관련하여 사용되었다. 70인경의 저자는 이 단어를 잠언 3장 6절에서 사용했다. "네 길을 지도하시리라(문자적으로는, 그가 네 길을 곧게 하시리라)." 성경에 대한 해석은 매우 단순하고 직접적이어야 하며, 매우 쉽게 곧은 길이 무엇인지 보여주는 것이다. 그렇게 하기 위해서 설교자는 좋은 일꾼으로서 성경에 대해서와 자신의 설교를 듣는 성도들 모두에게 신실해야 한다. 설교자는 이렇게함으로써 하나님의 인정을 얻게 될 것이다.

생각해 봐야 할 질문들

1. 로빈슨에 의하면 강해 설교인지 아닌지를 어떻게 결정할 수 있는가?
2. 본문 주해와 해석학 사이의 긴장성은 무엇인가?
3. 성경 저자가 본문 안에서 보여 주는 사상의 흐름과 발전은 어떻게 성경적인 설교자에게 정보를 제공해 주는가?
4. 성경 저자의 목적과 설교의 목적은 각기 어떤 역할을 하는가?
5. 성경 본문의 분위기는 설교의 분위기에 어떤 역할을 하고 어떤 정보를 제공해 주는가?

참고도서

Chapell, Bryan. *Christ-Centered Preaching* : Baker, 1994.
Davis, H. Grady. *Design for Preaching* : Fortress, 1958.
Greidanus, Sidney. *The Modern Preacher and the Ancient Text: Interpreting and Preaching Biblical Literature* : Eerdmans, 1988.
Long, Thomas G. *The Witness of Preaching* : Westminster/John Knox, 1989.
Perry, Lloyd. *Biblical Preaching for Today's World*. Rev. ed : Moody, 1990.

7. 성경의 내용과 삶의 적용을 융합하기

그건 정말로 끔찍한 설교였다. 달라스에 있는 교회에서 내게 요한복음 14장을 본문으로 설교해 달라고 초청한 적이 있었다. 요한복음 14장은 쉬운 본문이 아니었다. 그 부분은 죽음과 재림에 관한 해석적인 질문들로 가득 들어차 있었다. 당신은 "가서 너희를 위하여 거처를 예비하면 내가 다시 와서 너희를 내게로 영접하여 나 있는 곳에 너희도 있게 하리라"라는 내용을 어떻게 설명하겠는가? 예수님이 어떻게 그런 장소를 준비하신다는 것인가? 예수님은 주님이 다시 오실때까지 주님과 함께할 수 없다고 말씀하신 것인가? 영혼이 잠을 자는 것은 어떤가? 나는 일주일의 대부분을 이런 질문들에 대답하기 위해서 본문을 연구하고 주석들을 읽는 데 다 사용했다.

나는 준비를 잘 마치고 설교단 위에 올랐다. 비록 이슈들이 좀 까다롭기는 했지만, 나는 잘 대비했고 또한 내가 이 본문에 대한 견고한 성경적 가르침을 전달할 준비가 되어 있다고 확신했다.

하지만 설교를 시작한 지 5분이 지나자 나는 문제가 생겼다. 사람들은 나와 함께하고 있지 않았다. 10분이 지났을 무렵 사람들은 졸기 시작했다. 심지어 맨 앞쪽에 자리 잡고 앉아 있던 한 사람은 코를 골기 시작했다. 더 나쁜 것은, 그럼에도 그 사람의 코골이가 아무 사람도 방해하지 않았다는 점이다. 아무도 듣고 있지 않았던 것이다. 오늘날까지도 그 주일 아침 설교에 대해 이야기할 때마다, 나는 여전히 오싹한 느낌을 갖곤 한다.

도대체 무엇이 잘못이었는가? 문제점은 내가 모든 설교를 힘겨운 신학적 이슈들과 씨름하는 데만 사용했다는 점이었다. 그 이슈들은 내 흥미를 끌었다. 내가 말했던 모든 것들을 타당했다. 아마 그 내용들은 신학교 교실에서는 매우 강력한 내용이 되었을 것이다. 그러나 그 교회에서, 그 강단에서, 그 내용들은 재앙이었다.

어떤 일이 일어난 것인가? 나는 청중들이 갖고 있던 삶의 질문들에 대해서 이야기하지 않았다. 그들의 질문에 대해서가 아니라 나 자신의 질문들에 대해서 대답했던 것이다. 그날 내 설교를 들었던 성도들은 설교를 들으면서가 아니라 집에 가서 비로소 주님에게 좀 더 가까이 나아갔을 것이다. 그들이 알고 싶어 했던 것은, "주님은 나를 무덤으로 들어가게 만드실까요, 아니면 안전한 집으로 데리고 가실까요? 나는 언제 천국에 가게 될까요, 거긴 어떤 곳인가요?"였다.

그들은 내가 이렇게 말하는 것을 듣고 싶어했다. "여러분들도 아시겠지만, 예수님은 우리를 위한 곳을 마련하시겠노라고 말씀하셨습니다. 온 우주의 창조주가 여러분을 위한 집을 준비하시는 데 2천년을 보내고 계십니다. 하나님은 온 세상을 만드시는 데 고작 6일밖에 걸리지 않으셨는데, 그렇게 창조하신 세상이 얼마나 아름다운지를 보십시오! 그렇다면 한번 상상해 보세요. 주님이 여러분을 위해 준비하고 계신 집이 도대체 어떤 모습일지, 얼마나 아름다울지 상상해 보십시오. 여러분들이 이 생의 마지막에 다다르게 될 때, 그때는 다름 아니라 주님이 여러분을 기다리고 계신 때입니다."

바로 이런 내용이 그날 내가 설교했어야만 했던 내용이다. 적어도 그들의 질문들을 가지고 설교를 시작했어야 했다. 그러나 그렇게 하지 않았다.

이와 정반대의 잘못을 저지를 수도 있다. 설교 내내 성경 본문에는 뿌리를 두지 않은 채 실제적인 적용들만 내내 하는 잘못 말이다. 나는 성경 본문을 축소시키고 싶지 않다. 높은 마천루 빌딩을 뛰어 다니는 그런 설교를 하는 것도 가능하다. 한 스토리 이후 그 사이에 아무것도 없이 또 다른 이야기로 건너뛰는 그런 설교. 그런 설교들은 사람들의 흥미를 붙들지만, 성도들에게 영원에 대한 아무런 단초도 주지 못한다. "언덕 위의 저택"에 대해 이야기하는 것은 컨트리 뮤직에서 나올 수는 있지만, 성경에서 나올 수 있는 내용은 아니다. 비성경적인 사색들로 가득 들어차 있는 설교는 결국 만족스럽지 못한 설교가 될 뿐이다.

내가 했던 연구 중 일정 부분은 사람들이 자신들의 질문에 대답을 찾는 데 도움을 줄 수도 있었을 것이다. 이런 도움을 주는 것은, 성경의 내용과 삶의 적용을 효과적인 방식으로 잘 묶는 것이다.

어느 정도의 내용이면 충분한가?

그렇다면 우리는 설교에 있어서 성경 내용과 삶의 적용 사이에서 어떻게 적절한 균형을 잡을 수 있을까?

가장 기초적인 원칙은, 사람들이 성경 본문을 이해하기 위해서 필요한 만큼만 정보를 제공하는 것이다. 그런 뒤 적용으로 이동하라.

여기에서 주해와 강해 사이를 구별하는 것이 도움이 될 것이다. 주해는 본문에서 의미를 파악하고 얻기 위해 거쳐야 하는 과정인데, 종종 동사의 시제나 원어에서 강조되는 단어 등을 주목하는 과정을 거치곤 한다. 이런 일들은 당신이 설교 준비를 할 때 연구하는 내용이다. 그러나 이런 내용들은 거의 대부분 주일 아침 설교 내용에는 적합하지 않다. 사실 헬라어나 히브리어를 남용하는 것은 우리를 잘난 척 하는 사람으로 만들 수 있다. 내 직업 상의 전문용어를 사용하는 것은, "나는 당신이 모르는 중요한 무언가를 알고 있다"라고 말하는 말하는 것과 같다. 여기엔 설교를 듣는 성도들과 나 사이에 간격을 만들어 내는 오만함이 있다.

나는 기독의사회의 디렉터로서 10여 년간 섬겨 왔다. 때때로 외과 의사들은 나와 대화를 나눌 때 전문적인 의학 용어들을 사용하곤 했고, 나는 그들이 무슨 말을 하고 있는지 잘 알아 듣지 못하곤 했다. 한번은 친한 의사 친구에게 "다른 환자들에게는 나에게 말하듯이 말하지 않으면 좋겠어, 나는 전문용어를 잘 모르거든. 나도 교육을 받았자만 단지 의학 교육을 받지 않았을 뿐이야."라고 말한 적이 있다.

그 사람이 내게 뭐라고 말했는지 아는가? "설교자들은 강단에서 항상 내가 하듯이 그렇게 말하잖아?"라고 말했다.

신학교를 졸업하고 처음 사역을 할 때, 실제로 여러 번 그렇게 했다. 설교를 위해 연구할 때나 강단에서 설교를 할 때 헬라어와 히브리어를 참 많이 사용했다. 어느 날 한 여자 성도 분이 불평을 하는 것을 듣고, 나는 상처를 받았다. "저는 목사님 설교 듣는 것을 좋아합니다. 사실 저는 목사님이 원어에서 통찰력을 얻으시는 것을 볼 때, 제가 갖고 있는 영어 성경이 별로 읽을 가치가 없다는 것을 깨닫곤 한답니다."

집에 가서 나 자신에게 물어보았다. 도대체 내가 무슨 짓을 했단 말인가? 성도들이 성경으로 깊이 들어가게 하려고 노력했지만, 도리어 이 여자 성도는 자기 성경에서 도망치고 있지 않은가.

스펄전이 옳았다. 시장에 있는 사람들은 학문적인 언어를 배우지 않았다. 그러기에 학문 속에 있는 사람은 시장의 언어를 배워야만 한다. 시장 언어로 번역하는 것이 목사가 해야 할 일이다.

있는 그대로의 주해는 주일 아침 설교에 들어갈 내용이 아니다. 주일 아침 설교에 들어갈 내용은 강해이다. 강해는 성도들이 성경 본문을 이해하기 위해 필요한 내용들을 성도들에게 알려 주기 위해 주해로부터 뽑아오는 내용이다. 성도들은 당신이 주해를 하면서 했던 모든 내용들을 필요로 하지 않는다. 성도들은 본문의 구조와 핵심 주제를 알기 원한다. 성도들이 당신의 설교를 듣고 몇 주가 지난 뒤에도 다시 그 설교의 본문을 읽으면서 "오, 나는 이 본문이 무얼 말하는지 이해해."라고 말할 수 있도록 설교해야 한다.

　이것은 교회 내에 주해의 자리가 전혀 없다는 의미일까? 물론 그렇지 않다. 당신이 본문을 연구할 때, 당신의 연구 내용은 세부적인 성경 연구를 원하는 사람들을 도와 줄 수 있는 풍부한 내용들을 얻게 해 줄 것이다. 이런 연구를 통해 얻은 결과들을 설교에 포함시키는 것은 번잡스러운 각주들을 다는 것과 비슷하고, 이런 종류의 전문적인 연구와 가르침은 강의에 좀 더 적합할 것이다.

　내가 알고 있는 어떤 목회자들은 주일에 한 본문에 대해 설교를 하고 그런 뒤 수요일 밤에 좀 더 관심 있는 사람들을 모아 구체적인 주해 연구를 함께 나누며 성경 공부를 한다.

　도날드 그레이 반하우스Donald Gray Barnhouse는 이 부분에 있어서 매우 흥미로운 방식을 사용한다. 그는 설교할 성경 본문을 읽으면서 주해를 했다. 그는 성경 본문에서 동사의 시제나 혹은 어떤 표현이 무슨 의미인지를 짧게 설명하기 위해 잠시 성경 봉독을 멈추곤 했다. 그가 성경 본문을 읽는 데만 대략 10분 정도가 소요되었다. 그의 성경 본문 읽기는 설교를 위해 그가 했던 주해를 토대로 한 것이다.

　그렇게 할 때에도 반하우스는 자랑하지 않았다. 그는 회중에게 고대 언어에 관한 강의를 하지 않았다. 그는 그저 자신의 연구에 토대를 두고서 본문을 상세하게 설명하기 위해 시간을 좀 더 사용했을 뿐이고, 이렇게 함으로써 성도들은 성경 저자의 사상이 어떤 뉘앙스와 어떤 흐름을 갖는지를 적절하게 이해할 수 있게끔 했다. 제 10장로교회Ten Presbyterian Church에 처음 출석하는 어떤 사람들은 성경 본문 읽는 것을 들으면서 자신들이 설교를 듣고 있다고 생각했다.

반하우스가 자기 설교를 시작할 때 그는 본문의 메시지, 함축적 의미, 적용점들에 집중할 수 있게 되는데, 바로 이것이 설교를 설교로 만들어 준다.

설교의 "그래서 뭐?"

모든 설교에는 "그래서 뭐?"라는 질문이 포함되어 있다. 이집트 건축학에 관한 강의는 비록 그것이 매우 흥미진진한 강의이긴 하지만 설교가 아니다. 설교는 삶을 다룬다. 그래서 설교에는 실제적인 적용이 요청된다. 그러나 이런 실천적인 적용을 항상 구체적으로 거론할 필요는 없다. 예를 들어서, 당신이 내 차를 빌려 갔고 그 자동차 바퀴가 펑크가 났다고 상상해 보라. 당신은 내게 전화를 걸어 말한다. "나는 한 번도 이런 차종의 타이어를 갈아 본 적이 없어요. 내가 뭘 어떻게 해야하지요?"

나는 당신에게 어떻게 스페어 타이어를 찾아낼 수 있는지, 어떻게 공구를 사용하는지, 어디에서 휠을 풀어야 하는지 등에 대해서 이야기할 것이다. 일단 이런 내용들을 모두 알려 준 뒤에 내가, "이제 타이어를 바꾸라고 당신에게 권면합니다." 이렇게 말하겠는가? 아니다. 당신은 이미 차가 굴러가기를 원하고 있다. 당신은 이미 필요를 알고 있기 때문에, 권면이 필요하지 않다. 당신은 그저 분명한 설명만이 필요할 뿐이다.

어떤 설교는 바로 이와 같다. 당신의 성도들이 어떤 성경 본문과 씨름을 하고 있다. 그 본문이 무얼 의미하는지를 알고 싶어 한다. 만약 성도들이 본문을 이해하지 못한다면, 본문을 적용하는 일은 아무 짝에도 쓸데없다. 성도들은 권면을 필요로 하지 않는다. 그들은 설명을 필요로 한다. 성경 본문에 대한 그들의 의문에 대해서 설교자는 반드시 대답해 줘야 한다.

당신이 기초적인 신학적 이슈들(어떻게 우리가 우리 자신과 다른 사람들과 하나님을 알 수 있는가)을 다루고 있을 때라면, 실천적인 적용점을 구체적으로 표현할 필요가 없을 수도 있다. 예를 들어서, 당신이 창세기 1장에 대해서 설교를 한다고 하자. 창세기 1장에서는, '하나님은 어떤 분이신가?'라는 신학적 질문만큼 과학적 이슈를 중요하게 다루지 않느다는 점을 알려 주면서 말이다. 당신은 엿새를 세 그룹으로 나누는 것을 살펴보는 데 시간을 보낼 수도 있다. 첫째 날은 빛, 넷째 날은 빛들. 둘째 날은 바다와 하늘, 다섯째 날은 물고기와 새들. 각각의 날 뒤에는 하나님의 평가가 따라붙는다. "좋았더라."

그런 뒤 당신은 묻는다, "우리는 하나님에 대해 무엇을 배웁니까?" 우리는 하나님이 선하시며, 하나님은 창조의 목적을 갖고 계시다는 것을 배웁니다. 우리는 모든 다른 생명체들이 만들어질 때 "각기 그 종류대로" 만들어졌지만, 남자와 여자는 하나님의 형상대로 창조되었다는 것을 배웁니다. 이것이 사람에 관해 주는 교훈은 무엇입니까? 또한 이것이 우리가 함께 기도하고 더불어 지내는 사람들, 우리가 함께 일하거나 혹은 길거리에서 잠자는 사람들에 대해서 뭐라고 이야기합니까?

설교 전체가 거의 설명으로만 구성되고 그 안에는 직접적인 적용이 거의 들어있지 않을 수도 있다. 물론 그렇다고 적용이 전혀 없다는 말은 아니다. 이 설교의 마무리 부분에서 성도들은 우리가 누구인지에 대한 의미심장한 진리를 깨닫게 된다. 즉 평범한 사람은 없고, 모든 남녀는 특별한 가치를 지닌다는 것이다. 이런 인식은 한 사람이 자기 자신과 다른 사람들을 바라보는 방식에 거대한 차이점을 만들어 낸다.

혹은 로마서 3장을 선택해 보자. 당신은 어느 정도 실제적인 방식으로 질문을 제기하면서 설교를 시작할 수 있다. "한 사람이 어떻게 해야 하나님 앞에서 온전하게 설 수 있는가?" 이런 문제 제기를 한 뒤, 당신은 믿음을 통해 의롭게 된다는 것이 도대체 무엇을 의미하는지에 관한 바울의 좀 더 복잡한 논의로 청중을 이끌고 갈 수 있다. 만약 당신이 이 일을 잘 한다면, 당신은 설교를 마치고 이런 말을 들어야 한다. "그래서 하나님이 우리를 의롭다고 선포하시고 계속해서 의롭게 하시는 거군요."

분명히 이 성경 본문은 위대한 적용점을 갖고 있다. 그러나 본문이 너무 복잡하기 때문에 아마도 한 설교 안에서 바울의 주장을 풀어 설명하면서 동시에 수많은 구체적인 실천적 적용들을 자세히 이야기하긴 어려울 것이다. 그러나 그것도 상관없다. 만약 성도들이 정말로 잃어버림이라는 문제를 이해했다면, 구원이라는 해결책이 강력한 적용점 역할을 할 것이다.

　우리는 성도들이 무언가 그들 자신만의 실천적인 적용들을 만들것이라고 신뢰할 필요가 있다. 일정 부분 내가 이루었던 최상의 성장은, 어떤 개념이 나를 붙잡고 있고 나 자신이 계속해서 '어떻게 이것을 내 삶에 적용할 수 있을까?' 라고 스스로 끈질기게 질문할 때 일어났다.

　물론 당신은 성도들에게 없는 지식을 갖고 있으며 성도들은 당신의 지식을 함께 나누기를 기대한다. 당신은 그 지식을 회중을 얕잡아 보지 않는 방식으로 나눌 수 있다. "만약 여러분이 제 상황과 위치였다면, 여러분도 마찬가지 정보를 얻었을 것입니다." 이런 뉘앙스로 말이다. 만약 당신이 설교를 듣는 성도들에게 모든 실천적인 적용들을 만들어 줘야 한다고 느낀다면, 성도들 스스로 생각하게 놔두라. 당신은 그들의 지성을 평가절하해서는 안 된다. 그들에게 효과적으로 말한다고 하면서, "여러분들은 이 내용을 어떻게 적용해야 할지 여러분 스스로 생각해 낼 수 없습니다."라고 말한다면, 그건 성도들을 모욕하는 것이다.

　내게 있어서, 가장 큰 위험은 정반대 방향에 있다. 너무 많은 시간을 오로지 설명하는 데만 할애하고 적용하는 일에는 충분히 깊이 들어가지 못하는 것이 내게는 큰 위험이다. 설교를 마친 이후에, 나는 성도들에게 좀 더 구체적인 방식으로, 어떻게 이 본문을 적용해야 하는지를 잘 이야기해 주지 못했다고 종종 느낀다. 만약 우리가 성도들이 던지는 "어떻게?"라는 질문에 대답하지 않는다면, 우리 설교를 들는 성도들이 설교를 통해 듣는 내용대로 살아가는 일은 매우 어려운 일이 될 것이다.

실제 삶 속에서의 예: 필요하지만 위험한 일

삶에 대한 원칙을 만들기 위해서(어떻게 성경 본문을 적용할 수 있는지를 보여주기 위해서)우리는 실제 삶 속에서 발견할 수 있는 예들을 제시할 필요가 있다. "여기에 이 문제를 만났던 사람이 있습니다. 그리고 바로 이것이 그분에게 실제로 일어난 일들입니다." 이런 예화들이 필요하다. 그러나 실제 삶 속에서의 예화는 필요한 만큼이나 위험하기도 하다.

예를 들어서, 누군가가 정숙함에 관해 설교한다고 가정해 보자. 기독교인은 옷을 정숙하게 입어야 하는가? 그 대답은 '그렇다' 이다. 그렇지만 어떻게 이 원칙을 적용할 것인가? 어떤 설교자가 "자, 무릎 위로 올라오는 치마는 정숙하지 못합니다."라고 말했다고 생각해 보자. 그 설교 하나로 교회는 무릎까지 오는 치마를 입은 사람들로 가득 찰 것이다. 이 교회에서는, 그 원칙에 대해서 단 한 가지 적용만이 가능하다고 생각하게 된다. 이것이 율법주의의 본질이다. 원칙에 대해서 특정한 한 가지 적용점만을 제공하는 것.

내 친구 중에 일기를 꾸준히 쓰는 친구가 있는데, 일기 쓰기는 그 친구에게 도움을 준다. 그러나 그 친구는 일기 쓰는 것에 관해 설교하면서, 마치 일기를 쓰지 않는 기독교인은 성장할 수 없는 것처럼 설교했다. "여러분들이 이 구체적인 행동을 하지 않는다면, 당신은 이 원칙을 따르지 않는 것입니다."라고 말한다면 그것이 율법주의이다.

그렇다면 실천적인 적용을 설교할 때, "이것이 이 진리를 적용하는 방법입니다."라고 말하면서 어떻게 율법주의의 위험을 벗어날 수 있을까? 두 가지 예를 제시하면서 대답해 보고자 한다.

내 아버지가 80대가 되셨을 때, 아버지는 우리와 함께 살게 되었다. 얼마 지나지 않아서 아버지는 노쇠해지셨고, 더 이상 우리 집에서 간호해 드릴 수 없는 행동들을 하시게 되었다. 아버지의 이상한 행동들이 아버지 자신은 물론이고 우리 자녀들에게까지도 충격이 되었기 때문에, 우리는 아버지를 요양원에 보내야만 했다. 아버지를 그곳에 모시는 데는 매달 내 월급의 절반 정도가 지출되었다. 아버지가 돌아가실 때까지 8년여 동안 나는 거의 매일매일 아버지를 찾아가 뵈었다. 8년이 지난 뒤 아버지를 그곳에 모셔 둔 채로 지내다보니 집에 와도 무언가 죄의식 때문에 마음이 편치 못했다. 나는 아버지를 집으로 모셔 오는 것이 더 낫다고 생각했지만, 우리는 아버지를 적절하게 돌봐 드릴 수가 없었다.

몇 년이 흐른 뒤, 암 때문에 고생하시던 장모님이 덴버에 있는 우리 집에 함께 기거하시고자 오셨다. 그때는 우리 결혼생활이 매우 힘겨운 시기였다. 덴버신학교의 총장으로서 학교의 문제 해결에 골몰하고 있었다. 아내는 장모님이 더럽히신 침대를 하루에도 예닐곱 차렉식 치워 드리곤 했다. 18개월 동안, 아내는 장모님을 우리 집에서 돌봐 드렸다. 장모님이 돌아가셨을 때, 우린 아무 후회도 하지 않았다. 장모님께서 돌아가실 때까지 편안히 계시도록 아내가 할 수 있는 모든 것을 다 했다는 사실을 우리는 알고 있었다.

기독교인들은 연로하신 부모님들을 어떻게 돌봐드려야 하는가? 당신은 그런 부모님을 집에서 모시는가 아니면 요양원에 보내드리는가? 이 질문에 대한 단 하나의 기독교적 대답은 존재하지 않는다. 대답은 당신의 상황, 당신의 자녀들, 당신의 재산 정도 그리고 당신의 부모님에 의해 달라진다.

대답을 이끌어 주는 한 가지 원칙은 있다. 우리는 우리 부모님을 존경해야만하며 또한 그분들을 향해 사랑으로 행동해야만 한다. 기독교적인 결정을 내리고자 한다면, 당신은 이기적인 전제에서 출발해서는 안 된다. 관련된 모든 사람들에게 무엇이 최상인지를 묻는 것에서 출발해야 한다. 당신이 이 원칙을 어떻게 주어진 상황 속에서 적용하느냐 하는 문제는, 변화무쌍하고 복잡한 상황들에 따라서 달라진다.

율법주의의 덫을 피하는 방법은, 성경적인 원칙과 그 구체적인 적용 사이를 분명하게 구별하는 것이다. 설교를 할 때, 단 한 가지가 아니라 다양한 방식의 두세 가지 예화들을 제시한다면, 당신은 원칙과 구체적 적용 방법을 동일시하지 않게 만들 수 있을 것이다.

내 자녀들이 어렸을 때, 나는 매일매일 자녀들과 함께 가정에서 예배를 드리지 않는다면 우리가 하나님 앞에서 무언가를 잘못하고 있는 것이라는 생각을 갖고 살았다. 그런데 문제는, 가정예배가 다른 사람들에게는 매우 유익했지만, 모든 종류의 접근 방법을 찾아보았음에도 불구하고 우리에게 가정예배는 별로 유익하지 못했다는 점이었다. 우리 아이들은 가정예배를 드리기 위해 겉으로는 조용히 앉아 있었지만, 속으로는 도망치고 있었다. 그러나 나는 가정 예배가 기독교 가정의 핵심이라고 느꼈기 때문에, 가정예배를 계속해서 드렸다. 그런데 나는 가정예배가 원칙이 아니라, 원칙에 대한 적용이라는 사실을 깨달았다. 원칙은 가정예배가 아니라 내 자녀들이 하나님을 알고 사랑하는 자녀들로 자라 가는 것이었다. 가정예배 이면에 자리한 원칙과 같은 무게로 우리 가족들에게 부담을 주었던 것이다.

그래서 우리는 다른 접근법을 사용하게 되었는데, 이 방식은 우리 가정에 도움을 주었다. 우리 두 아이들은 다른 시간대에 등교했다. 매일 아침 비키Vicki가 학교에 가기 전에 나는 딸과 함께 하루를 위해 기도했다. 그리고 잠시 후에, 아들 토레이Torrey와 친구 한 명이 내 서재로 들어왔고, 우린 함께 앉아서 하루의 삶을 위해 약 5분정도 기도를 했다.

이런 모습은, 설교시간에 매일 아침 식사시간 때마다 가족 예배를 드렸다고 말하는 것만큼 만족스럽게 들리지는 않겠지만, 이 방법이 우리 가족에게는 원칙을 존중하는 효과적인 방법이었다. 설교자는 원칙과 적용에 대해서 분명한 구별을 해야만 한다.

그렇다고 성경적인 원칙이 추상적이거나 혹은 모호하다는 말이 아닙니다. 때때로 설교자는 설교를 듣는 성도들이 이해할 수 있는 용어로, 그저 원칙을 번역하기만 한다.

　미국의 개척시대 때, 서부의 한 곳에 정착이 이루어졌는데, 그 지역 사람들은 판재를 사고 파는 일을 했다. 그 마을 사람들은 교회가 필요하다고 느껴, 건물을 짓고 목회자를 청빙했다. 그 설교자는 그 정착지로 이사해 왔고 곧 환영 받았다. 그런데 어느 날 오후에 이 목사는 자기 성도 중 한 사람이 통나무를 끌고 가는 것을 우연히 보았는데, 그 통나무는 상류 쪽에 있는 다른 마을에서부터 떠내려 온 것이었다. 그 통나무들은 한쪽 끝부분에 원소유주의 지인이 찍혀 있었다. 안타깝게도 이 사역자는 자신의 성도가 통나무를 끌어가 직인이 찍혀 있는 끝부분을 톱으로 잘라 내버리는 것을 보았다.

　다음 주일, 그는 "도적질하지 말라."는 계명에 대해서 매우 강력하게 설교했다. 예배가 끝나고 나서, 성도들은 줄을 서서 매우 열광적인 칭찬을 했다. "목사님, 정말 놀라운 설교입니다." "능력 있는 설교입니다." 이 반응은 그를 매우 괴롭혔다. 그리고 이 목회자는 집에 가서 다음 주일 설교를 준비했다. 그는 동일한 내용을 설교했지만, 설교 마무리 부분을 조금 다르게 했다. "그리고 여러분은 이웃의 소유물인 통나무의 끝부분을 잘라 내서는 안 됩니다." 이 목회자가 설교를 마치고 나왔을 때, 성도들은 그를 마을에서 쫓아냈다.

　청중이 분명하게 알아듣고 이해할 수 있는 용어로 원칙을 이야기하는 것은 얼마든지 가능한 일이다.

"우리는" 설교와 "당신은" 설교

설명과 적용 사이의 관계를 살펴보는 또 다른 방법은, 이 두 가지 부분 각각을 지칭하는 대명사들을 살펴보는 것이다. 좋은 설교자들은 설교할 때 자기 자신과 설교를 듣는 성도들을 하나로 일치시킨다. 우리는 모두 하나님의 말씀이 우리들에게 뭐라고 말씀하시는지 듣기 위해 하나님 앞에 서 있다. 히브리서는 사람에게 속한 것들 가운데서 사역하도록 하려고 사람 중에서 대제사장을 선택했다고 이야기한다. 대제사장은 죄를 범하는 것이 무엇인지에 대해서 그리고 죄사함의 필요성에 대해서 알고 있다. 백성들과 더불어 대제사장은 자기 자신도 정결케 되야 할 필요를 가지고 하나님 앞에 선다. 대제사장은 자기 자신을 백성들과 동일시하면서 하나님 앞에서 백성들을 대표한다.

반면, 이 제사장은 희생 제사를 드리는 것을 통해서 정결케하시는 하나님의 은혜를 백성들에게 베풀 수 있었다. 그는 하나님 앞에서 백성들을 대표할 뿐만 아니라, 또한 백성들에 하나님을 대리하기도 한다. 설교도 이와 마찬가지다.

나는 좋은 설교를 듣고 있을 때, 내 주변의 모든 사람들의 소리가 들리지 않는 그런 순간을 만난다. 설교자가 이야기할 때, 하나님이 나에게 이야기하시는 것을 경험한다. 설명하는 시간은 이미 지나가 버리고 적용의 시간이 온 것이다.

이런 순간에, 설교자는 "우리는"을 뒤로한 채 이제는 "당신은"을 이야기하는 것이 더 적합하다. 더 이상 설교자는 하나님 앞에서 백성들을 대표하는 것이 아니다. 하나님을 대리하고 있다. "우리는 성경적인 원칙을 살펴보았습니다. 그리고 다른 사람들이 그 원칙을 어떻게 적용했는지 두세 가지 경우들을 살펴보았습니다. 이제 이 내용이 당신에게 뭐라고 이야기합니까?"

"당신의 돈을 어떻게 사용할 것인지에 대해 결단해야만 합니다."

"당신의 결혼 서약을 진지하고 심각하게 다룰 것인지 아닌지를 결단해야만 합니다."

바로 당신입니다(여기서의 당신은 복수형이 아니라 단수형이다.) 진리의 말씀을 들은 당신은 어떻게 할 것인지에 대해 인격적으로 결단해야만 합니다.

이 지점에서 설교자가 "당신"이라고 이야기하는 것은 오만한 것이 아니다. 이 순간 설교자는 회중과 동떨어진 자리에 서 있는 것이 아니다. 설교자는 설교를 듣는 성도들 개개인을 향해 개별적으로 적용하라고 도전하고 있을 뿐이다.

마지막 분석으로서, 효과적인 적용은 기술에 의존하지 않는다. 적용은 방법의 문제라기보다는 관점과 자세의 문제이다. 삶을 변화시키는 설교는 사람들에게 성경에 대해서 이야기하지 않는다. 대신 그런 설교는 사람들에게 그들 자신들에 대해서, 그들의 질문들, 상처들, 두려움들 그리고 고통과 어려움들에 대해서 성경을 통해 이야기한다. 우리가 이런 철학을 가지고 설교에 대해 접근할 때, 불꽃을 피우는 불씨가 생겨난다. 누군가의 문제가 하나님의 말씀에 부딪쳐 불씨를 일으키면, 그 불씨는 사람으로 하여금 하나님을 위한 불꽃이 되게 한다.

생각해 봐야 할 질문들

1. 설교자는 성경 내용과 삶의 적용 간의 적절한 균형을 어떻게 잡을 수 있는가?
2. 주해와 강해는 어떻게 구별되는가?
3. 설교에 있어서 "그래서 뭐?"는 무엇인가?
4. 실제 삶 속에서 찾아낸 예화가 설교에서 어떤 역할을 하는가?
5. 이번 주 당신의 설교에서 성경 내용과 삶의 적용 간의 적절한 균형을 어떻게 찾을 것인가?

참고도서

Craddock, Fred B. *As One Without Authority: Essays on Inductive Preaching.* 1971: Abingdon, 1979.

Duduit, Michael, ed. *Handbook of Contemporary Preaching* : Broadman, 1992.

Pitt-Watson, Ian. *A Primer for Preachers* : Baker, 1990.

Robinson, Haddon W. *Biblical Preaching* : Baker, 1980)

Robinson, Haddon W. *Biblical Sermons: How Twelve Preachers Apply the Principles of Biblical Preaching* : Baker, 1980.

8. 설교에 대한 장애물 부수기

설교를 잘하는 것은 매우 어려운 일이다. 우린 위트가 넘치고, 따뜻하고, 지혜로운 설교자가 될 것을 요구 받는다. 우리는 매주 그렇게 되어야만 한다. 위대한 과학 소설가 웰스H.G .Wells는 대부분의 사람들은 평생 동안 한 번이나 두 번 정도만 생각을 하는 반면, 그는 일 년에 한 번이나 두 번 정도 생각하는 것을 통해 국제적인 명성을 얻었다고 이야기했다.

그런데 수많은 목회자들은 일주일에 한 번(혹은 그 이상) 생각해야만 한다. 우리가 인정하고자 하는 것보다 훨씬 더 자주 우리는 이야기할 무언가를 갖고 있다는 느낌을 통해서가 아니라 여하튼 이야기를 해야만 한다는 느낌으로 설교 준비를 시작하곤 한다. 20년 동안 나는 딱 한번만 이번 설교를 잘 할 수 있을 것 같다는 느낌을 가지고 설교 준비를 했다. 설교 준비라는 창조적 과정은, 불확실성, 모호성의 느낌과 더불어 진행되고 이루어진다. 사람들이 아직 모르는 것을 알게 해주고자 노력하면서 말이다.

하루 세끼 영양식을 준비하려는 목표를 갖고 있는 가정 주부가 잡동사니들을 어지럽히는 어린아이를 돌봐야 한다는 점이나, 파트타임 직업을 가져야 한다는 점이나, 넘쳐나는 빨랫감이나, 끊임없이 울려대는 전화등으로 인해 일들이 복잡해지고 어려워지는 것과 마찬가지로, 목회적 삶의 복합적인 요구들은 새롭고 신선한 생각이나 설교문 작성을 훨씬 더 어렵게 만든다.

사람들은 결코 형편이 좋은 시기에는 죽지 않는다. 끊임없이 반복되는 많은 잡무들과 더불어 행정적인 짐들이 목회자를 선점해 버린다. 사람들의 문제를 처리하는 데서 오는 감정적인 소진은 창조적인 에너지들을 말라 버리게 한다. 그리고 매주 예닐곱 번씩 설교하고 강의 하는 등의 일정은 당신의 삶에 진리를 충분히 적용하고 동화시키는 능력을 고갈시킨다.

가정 주부들이 가족들을 먹일 풍부한 방법들(10분 요리, 건강 간식, 전자렌지용 음식, 몇 번의 풀코스 만찬, 이런 것들을 재주껏 조합하는 것)을 발견하는 것과 마찬가지로 목사들도 역시 맛있고 균형 잡힌 영적 음식들을 식탁위에 올려놓는 방법들을 찾을 수 있다.

설교 준비의 두 가지 국면

우리가 설교 시간에 할 이야기가 아무것도 없다고 느낄 때, 그건 일반적으로 우리가 우리 자신을 이끌어 가기 때문이다. 우리는 본문 자체를 이해하기에 앞서 설교에 대해서 생각하기가 일쑤이다. 그 대신에 우리는 우리의 설교 준비를 두 개의 구별된 단계로 나눌 필요가 있다.

1. 무엇을 말할 것인가? 나는 설교 내용의 전달이 아니라 설교 내용 그 자체에 초점을 맞추면서 설교 준비를 시작한다. '이 본문에서 어떻게 설교를 얻어 낼 수 있을 것인가?' 라는 자세로 본문에 접근하는 것은 설교 준비 과정을 오염시킨다. 우리는 본문을 관찰하고, 번역하고, 적절하게 대하고자 우선적으로 노력하는 대신에 설교의 골자를 얻으려는 목적으로 본문을 교묘하게 조작하게 될 수도 있다.

그리스도가 풍랑을 잔잔케 하신 이야기에 기초를 둔 메시지를 준비하면서, 나는 내 설교의 중심 주제를, 우리 삶의 풍랑과 바람을 잔잔케 하시는 그리스도를 의지하는 것으로 잡겠다고 전제하고서 본문 연구를 시작했다. 하지만 본문 연구를 해갈 수록, 나는 성도들에게 그리스도가 인생의 풍랑 속에서 성도들과 함께하시기 때문에 결코 바다 속으로 가라앉지 않을 것이라고 약속할 수 없다는 사실을 깨달았다.

이 본문은 좀 더 넓은 문맥 속에서 살펴봐야 한다. 예수님은 제자들을 부르셨고 그들에게 주님 나라의 본질에 관해 말씀하셨다. 하나님 나라는 작게 출발하지만 넓게 퍼질 것이다. 하나님 나라의 초기 단계에서, 하나님 나라의 모든 일들은 그 배에 타고 있던 예수님과 제자들에게 달려 있었다. 만약 이들이 바다 속으로 가라앉게 된다면, 하나님 나라도 사라지게 된다. 이 본문의 핵심은 모든 것을 그리스도에게 맡긴 사람들은 왕의 권세 때문에 하나님 나라가 궁극적으로 승리하게 될 것임을 안다는 데 있다. 바로 이점은 영원한 진리이며, 바로 이 진리는 강조점을, 개인적인 삶 속에서의 풍랑이나 혹은 가라앉을 것인가 그렇지 않을것인가 하는 문제 등으로부터 결코 실패하지 않을 영원한 하나님 나라로 옮겨 준다. 만약 내가 그리스도가 모든 풍랑을 잔잔케 하실 것이라고 약속했다면, 나는 내가 말하고 싶어 하는 내용을 말하기 위해 본문을 왜곡했을 것이다. 그렇게 하는 대신에 나는 본문이 나를 가르쳤던 대로 설교했다.

나는 본문에 대한 이해가 설교 과정 초반을 주도하고 지배하게끔 해야 한다는 것을 배웠으며, 설교 과정 후반은 설교가 주도하게끔 해야 한다는 것을 배웠다. 우선적으로 본문 그 자체를 이해하고 해석하고자 시도할 때 설교할 수 있는 것보다 더 많은 본문 재료를 갖게 된다. "성경 저자는 지금 무얼 하고 있는가?" 이렇게 물은 후에 나는 성경 저자의 사상이 어떤 흐름을 갖는지 문맥을 연구한다. (나는 일반적으로 원어의 문법이나 단어 구조 등에 대한 연구에서보다는 문맥으로부터 설교에 대한 통찰력을 좀 더 많이 얻곤 한다.)

문맥을 연구하는 것을 통해서, 나는 베드로전서 5장에 대한 설교를 이끌어 가는 핵심적인 내용을 얻었다. 베드로는, "너희 중 장로들에게 권하노니 나는 함께 장로 된 자요 그리스도의 고난의 증인이요 나타날 영광에 참여할 자니라"(1절)라는 서신을 썼다. 베드로전서를 연구하면서, 영광이 뒤따르는 고난이라는 주제가 베드로전서 전체에 흐르고 있음을 발견했다. 결혼 생활에서건, 정부에서건, 가족에서건, 혹은 교회에서건 우리가 그리스도를 위해 고난 받을 때, 우리는 그리스도의 영광을 경험한다. 주제가 주제이니만큼 나는 이 본문에 대한 설교를 교회 안의 리더들에게 초점을 맞추어 적용했다.

2. 이 내용을 어떻게 말할 것인가? 이 단계에서는, 의사소통에 관한 질문으로 나아간다. 내가 본문 속에서 찾아내고 알아낸 이 주제를 어떻게 하면 사람들에게 흥미, 정보, 동기 부여 등을 제공하고, 또 그들의 삶을 바꿀 수 있을까? 이 본문으로부터 이야기할 수 있는 모든 내용들 중에서, 어떤 것을 선택해서 전달할 것인가?

설교를 준비하는 과정에서 이 부분 역시 우리에게 말해야 할 중요한 무언가를 제공해 주는 과정이다. 나는 먼저 자문한다. 이 본문에서 성경의 저자는 다음의 항목들 중에서 과연 어떤 태도를 취하고 있는가? 그는 주로 (a)설명하고 있는가, (b)논증하고 있는가, 아니면 (c)적용하고 있는가?

만약 이 본문이 주로 하고 있는 것이 설명이라면, 나의 설교는 주로 가르치는 모양새가 될 것이다. 바리새인과 세리에 관한 비유에서 (눅 18:9-14), 이 본문의 핵심적인 요지는, 하나님을 하나님으로 바라보고 자기 자신을 그 앞에서 겸손하게 낮추는 사람이 의롭다하심을 얻고 높아진다는 것이며, 또한 자기 자신을 하나님 앞에서 높이는 사람은 자기 죄를 용서받지 못하는 것이다.

따라서 이때 내 설교는 권면보다는 설명에 주로 치중한다. 나는 우리가 바리새인들과 세리들에 대해서 갖고 있는 가정과 전제들 이면을 상세히 파헤치는데, 이는 설교를 듣는 성도들이 이 두 사람의 마음을 들여다보는 데 도움을 준다. 이 두 사람은 자기 자신에 대해 어떻게 생각했는가? 다른 사람들은 이들에 대해 어떻게 생각했는가? 이들이 행하던 역할들은 오늘날 어떤 모습과 비슷한가? 나는 위선, 자기 의로움 그리고 불순종의 죄악이 어떤 본성을 갖는지에 대해 이야기했다. "설교에 대한 장애물"을 극복하는 가장 좋은 방법중 하나는, "무엇이 이 본문을 믿기 어렵게 하는가?"라는 질문을 줄곧 생각하는 것이다.

우린 본문의 진리를 입증할 필요가 있다는 점을 과소평가할 수 있다. 비록 우리 몸 안에 회의주의라는 뼈가 들어 있지는 않지만, 우린 물어볼 필요가 있다, 내 설교를 듣는 사람들이 이것을 믿을 것인가? 이 설교가 나 그리고 성도들의 경험과 일치하는가? 만약 그렇지 않다면, 왜 그런가?

우리의 경험이 성경을 통제하는 것은 아니지만, 우린 성경이 말하는 내용과 우리가 경험하는 실제 사이의 모순이나 차이점에 대해 설명할 필요가 있다. 누군가가 "너희 중의 두 사람이 땅에서 합심하여 무엇이든지 구하면 하늘에 계신 내 아버지께서 그들을 위하여 이루게 하시리라"라는 내용을 들었다고 가정해 보자. 성도 중 어떤 사람은 궁금해 할 것이다. "내가 만약 파란색 캐딜락을 원하면? 만약 내가 장로님들 중에서 두 분 정도만 내 기도에 동의하고 합심하게 하면 그 기도는 이미 다 성취된 것인가?" 대부분의 사람들과 마찬가지로 이런 성도는 "내가 과연 이 말을 믿을 것인가?"라는 질문을 할 수 있다.

나는 설교를 하면서, 그런 사람의 변호사가 되고자 노력한다. 이런 성도는 설교 중에 손을 들고 내 설교를 방해하지는 않겠지만, 그러나 오늘날 교회 장의자에 앉아 있는 대부분의 다른 성도들과 마찬가지로, 이런 성도는 날카롭고 회의적인 느낌을 가지고 설교를 듣는다. 이런 사실을 간과하는 설교자는 실제 상황을 무시하고 있는 것이다. C. S. 루이스C.S. Lewis는 최근 크게 대중적인 인기를 얻었는데, 그것을 그가 "이것이 과연 정말로 사실인가?"라는 질문을 다루었기 때문이다. 그는 사람들에게 확신을 심어 주고 확인시켜 줄 필요가 있다고 확신했다.

설교를 위한 좋은 아이디어들은, 우리가 성경의 진리들을 사람들의 삶에 적용할 때도 나타난다. 설교 아이디어는 또한 사람들의 문제들이 하나님 말씀에 부딪쳐 불꽃을 만들어 낼 때 생겨나기도 한다.

때때로 우리의 생각이 너무나 경직되어 있기 때문에 이야기할 거리가 별로 없게 되는 경우들도 있다. 즉 하나님의 말씀을 오늘날 우리의 상황에 연결하지 않는다. 다른 어떤 때에는 우리가 너무 완고하기에 이야기할 거리가 없는 경우들도 있다. 우리는 인간 지향적이다. 그래서 오직 성경 본문만이 가져다 줄 수 있는 권위 있는 내용은 받아들이지 않는다.

하지만 우리가 위에서 언급한 두 가지 요소들을 함께 부딪히게 한다면 우리는 거의 항상 설교의 불꽃을 타오르게 할 수 있다. 그러므로 나의 설교 준비는 이런 적용 질문을 하는 과정들을 거친다. 이것이 어떤 차이점을 만들어 낼까? 이 본문에서 우리 삶을 향한 적용점들은 무엇인가? 누군가가 이 진리를 진지하게 다루면서 월요일 아침부터 이 말씀에 근거해서 살아가고자 노력한다면, 그 사람은 어떻게 변화되어 살아갈까?

주방 보조

일을 덜어 주는 부엌 도구들처럼, 설교를 준비하고 쓰는데 있어서 이야기할 무언가를 찾아야 한다는 압박에서 건져내 줄 수 있는 방법들이 있다. 여기 여섯 가지 "주방 보조"가 있다.

1. *설교 달력을 만들어라.* 많은 목회자들은 다음 석 달, 반년, 혹은 일 년 동안 무엇을 설교할 것인지를 미리 계획한다. 1주나 2주 정도 수련과 휴식 기간을 가지면서 성도들의 필요가 무엇인지, 하나님이 어떤 주제들을 우리 마음에 담아 주시는지, 우리가 어떤 일들에 지대한 관심을 갖고 있는지 등을 우리 자신에게 물어볼 수 있다.

그러나 설교 달력이 우리들을 제한하거나 가두어서는 안 된다. 하나님의 번뜩이는 영감이 우리에게 주어지면, 우린 항상 설교 계획을 바꿀 수 있다. 하지만 그렇지 않다면, 우리가 설교 준비를 위해 연구하러 들어갈 때, 우리는 오랫동안 생각해 왔고, 오랫동안 기도해 왔던 방향대로 가야 한다. 나의 설교 계획은 오랫동안 주로 성경 각 권을 모두 강해 설교 하는 데 토대를 두고 진행되어 왔다(이 방식은 모든 식사를 만들 충분한 재료 그 이상의 내용을 공급해 준다).

일단 설교 달력이 준비가 되면, 우린 각각의 설교 시리즈들을 위한 파일과 폴더들을 미리 준비할 수 있고, 이는 실제로 설교를 하기 몇 주나 몇 달 전부터 설교와 관련된 내용이나 자료들을 저장하고 축적하는 장소가 될 수 있다. 이제 드디어 설교 준비를 시작해야 할 시간이 오게 되면, 우리는 이미 예화, 인용, 통찰들이 들어 있는 파일을 갖게 된다.

2. 열흘을 주기로 설교 작업을 하도록 하라. 좀 더 긴 기간을 두는 목적은 속에서 여무는 시간을 제공하기 위해서이다. 설교를 해야 할 주일보다 열흘 앞선 목요일에, 나는 본문 주해 연구를 한다. 나는 무언가가 생각날 때까지 본문을 읽고 본문에 대해 생각한다. 그런 뒤 내게 떠오른 생각들, 내가 붙들게 된 생각들을 써 내려 간다. 어떤 단어들을 이해하지 못한 것인가? 어떤 이슈들을 풀 수 없는 것인가? 어떤 주제들이 부드럽게 전개되지 못하는가? 당신의 문제들이 무엇인지에 대해 구체적이고 특정적으로 말할 수 없다면, 당신은 대답을 얻을 수 없을 것이다.

그래서 나는 설교하기 열흘 전부터 뭐에 대해 생각해야할지를 알게 되는데, 나는 차를 운전하면서, 샤워를 하면서, 혹은 밤에 잠들지 않고 곰곰이 생각하면서 이 일을 한다. 이렇게 하면 내가 어떤 책을 읽어야 할지도 알 수 있다. 그리고 내 이해의 어느 부분에 벌어진 틈이 있는지를 알 수 있고, 또한 그 대답도 신속하게 찾을 수 있다. 만약 핵심적인 질문들이 무엇인지를 알 수만 있다면, 한 시간 내에 이

십 권의 주석들로부터 내용을 추려낼 수 있다.

화요일, 여지껏 연구한 내용들을 정돈하여 앉으면 종종 본문의 이슈들이 무엇인지가 좀 더 명확해진다. 나는 "이 세상에서 내가 지독하게 매달리고 있는 것은 과연 무엇인가?"를 생각해본다.

내가 요한계시록의 일곱 교회들에 대해서 설교했을 때, 일곱 도시들에 대해서 궁금증을 갖게 되었고 그 도시들이 교회들에 어떤 영향을 주었을지도 궁금해졌다. 나는 별도의 조사를 했고 그 내용들은 중요한 통찰력을 제공해 주었다. 만약 내가 설교하기 하루나 이틀 전에 그 원고를 썼다면, 나는 그런 일을 할 수 없었을 것이다.

첫 목요일 이후 내가 다시 연구하는 시간은 열흘 주기 중에서 닷새가 지난 화요일인데, 그때 나는 나의 본문 주해 작업을 마무리 짓고 설교를 구성한다. 화요일이 지나기 전에, 나는 적어도 설교의 전체적인 구조와 도입 부분이 완성되기를 원한다. 또한 본론 부분의 흐름들을 작성할 수도 있을 것이다. 나의 최종 원고 작성은 금요일에 시작된다. 나는 원고 작성을 마치고 실제적으로 원고를 수정하고 재배치하는 시간을 갖는다.

3. 두 가지 연구를 하도록 하라. 휘튼대학의 총장이었던 두안 리트핀 Duane Litfin은, 하나의 설교 본문에 대해 조사하면서 두 개의 설교를 준비하는 아이디어를 내게 처음으로 소개해 준 분이다. 그분은 멤피스 Memphis에서 목회할 때, 주일 오전 설교를 설교 본문의 진리에 대한 설명이나 입증에 초점을 맞춘다면, 주일 밤에는 적용에 초점을 맞추어서 설교를 했다. 혹은 주일 밤에 그는 주일 오전 메시지 때 적절

하게 잘 다루지 못했던 본문의 하위 주제를 좀 더 상세하게 발전시켜 설교하곤 했다. 예를 들어서, 빌립보서 2장 1-11절에 대해서, 그분은 주일 오전에는 그리스도를 닮은 겸손에 관해 설교하시고, 주일 밤에는 그리스도의 인성이라는 교리에 관해 설교를 했다.

4. 시각적으로 생각하라. 사다리의 맨 윗부분에는 추상적인 단어와 생각들이 있고, 맨 아래 부분에는 구체적인 생각들이 있는 그런 스펙트럼에 단어들이 놓여 있다고 생각해 보라. 학자들은 사다리 위로 추상성까지 올라 간다. 소통을 중시하는 사람들은 가능한 한 구체적인 단어들에 가까이 가기 위해 사다리를 내려온다.

마음속에 구체적인 어떤 그림을 갖지 않고 무언가 하나의 관념을 갖고 있을 때, 내 안에는 그 어떤 흥미도 일어나지 않는다. 그러나 내가 어떤 이미지를 갖고 있을 때, 내 마음은 움직이기 시작한다.

나는 본문을 연구할 때, "이 글을 쓸 때 성경 저자의 마음속에는 어떤 이미지가 있었을까?"라는 질문을 던진다. 만약 주제가 화해라고 해보자. 성경 저자는 어떤 추상적인 교리에 대해 쓰지 않았다. 그는 평화를 만들어야 하는 대상인 대적들에 대해 생각하고 있었다. 그런 본문을 연구할 때, 나는 실제 삶에 가까이 다가서게 해주는 질문을 제기한다. "대적이 있다는 것은 어떤 모습과 비슷할까? 평화를 만드는 것이 왜 그토록 어려운 것일까?" 나는 계속해서 유럽의 여러 나라들에 대해서 생각할 것이다. 사람들이 오랫동안 함께 살아 왔으면서 갑작스럽게 서로 죽이기 시작한 나라들에 대해서 말이다. "이웃이 원수로 돌변할 때 어떤 일들이 벌어지는가?"

나는 "양육"이라는 추상적인 개념들에 대해서는 생각하지 않는다. 나는 어린 아이를 내 무릎에서 들어 올렸다 내렸다 하는 일에 대해서, 아이가 계속 울 때 한밤중에 일어나서 아이 침대를 흔들어 주는 것에 대해서 그리고 이 모든 일들에 뒤따르는 사랑과 분노라는 감정들에 대해서 생각한다.

5. 설교를 큰 소리로 읽도록 하라. 우리 가족들은 내 사무실 옆을 걸어 가다가 내가 중얼거리는 소리를 들으면 설교 준비 작업을 하고 있는 줄을 안다. 나는 내 설교로 도움을 줄 수 있는 사람들과 상상속의 대화를 나눈다. "로빈슨 목사님, 하나님은 우리가 이웃을 사랑하길 원하신다고 목사님이 말씀하셨습니다. 그런데 만약 목사님이 그들의 발을 씻기려고 가셨을 때 그 사람들이 목사님 입을 발로 걷어차 버리면 목사님은 어떻게 하시겠습니까? '이것도 잊으라' 이렇게 말씀하시기 전에 몇 번이나 걷어차이시겠습니까?"

나는 계속해서 큰 소리로 나 자신에게 말 할 것이다. "세 번은 당해야 합니다. 그런 뒤에 발길질하는 발을 붙잡을 수 있습니다. 아닙니다, 저는 그런 말을 하지 않을 겁니다, 제가 뭐라고 말해야 하지요?"

설교를 큰 소리로 이야기하고 읽기도 하는 것은, 생각을 정제해 주고 맑게 해주는 데 도움을 준다. 또한 이런 방법은 우리에게 본문 내용의 흐름을 느낄 수 있게끔 해준다.

6. 빌리라. 하나님은 우리에게 독창적인 설교보다는 신실하고 명확한 설교를 하기 원하신다. 이 세상의 위대한 교사들로부터 나온 책들이나 수년간 로마서 같은 책들을 연구하면서 삶을 투자한 사람들

로부터 나온 책들이 즐비한 서가에 앉아 있으면서도 그런 자료들을 사용하지 않는 것은 그리스도의 교회가 해온 많은 기여를 부인하는 것이다. 고작 세 시간 정도의 본문 주해를 한 뒤에 한 권의 책에 수년간의 연구를 쏟아 부은 사람들의 통찰과 우리의 생각을 일치시키고자 생각하는 것은 잘못된 일이다.

주석들은 설교 준비 과정에서 나중 부분을 위해 잠시 접어 놓도록 하라. 우리가 너무 빨리 주석들로 달려간다면, 주석들에 우리의 사고가 갇혀 버릴 것이다. 그러나 우리가 일단 본문을 전체적으로 잘 읽고 그 본문에 대해 내가 갖고 있는 어려움들이 무엇인지를 알게 된다면, 주석자들은 우리의 교사가 될 것이다.

최고조의 설교를 할 수 있게 해주는 기여자들

나는 설교를 위한 자료들을 모으는 습관을 길러 왔다(이번 주일에 할 설교만을 위한 자료들만이 아니다). 이들은 최고조의 설교를 하는 데 기여한다.

첫 번째로, 나는 매일의 일상적인 삶을 관찰하고 해석한다. 헬무트 틸리케 Hrlmut Thielicke 는 말했다, "이 세상은 하나님의 그림책이다." 우린 많은 경험들을 낭비할 수 있다. 일상적으로 일어나는 매일의 사건들, 그러니까 교통 체증이나 농담을 듣는 따위의 자질구레한 일들 속에도 교훈이 있다.

무언가 어떤 일이 긍정적으로건 아니면 부정적으로건 우리 감정을 터치할 때 더더욱 그렇다. 비록 그런 일이 일어나는 그 즉시에는 그 일이 무슨 의미를 갖는지, 그 일이 얼마나 중요한지 알아차리지 못한다 하더라도, 그 일화를 자그마한 수첩에 적어두고 그 사건을 다시 곱씹어 본다. 그런 사건은 언젠가 어떤 통찰, 예화, 혹은 설교에 잘 들어맞게 될 삶의 한 단편이다.

책이나 잡지들을 읽는 것 그리고 영화나 텔레비전을 보는 것, 심지어 상업적인 광고조차도 삶을 관찰하는 또 다른 방법이 된다.

나는 「마농의 샘」 Jean de Florette 이라는 이탈리아 영화를 보았는데, 이 영화는 농장을 유산으로 물려받은 한 도시민이 시골로 이사를 하고 농사짓는 법을 책에서 배우고자 애쓰는 장면으로 시작한다. 자기 힘만으로 농장을 꾸려나가려고 할 때, 어떤 파렴치한 이웃이 샘을 막아버리고 농장에 들어가는 물 공급을 중단되게 만든다. 자신이 자신만의 샘을 갖고 있다는 사실을 알지 못하는 이 새로운 주인은 비가 오게 해 달라고 기도한다. 폭풍우 구름이 모여들지만, 비는 산의 다른 쪽에만 내릴 뿐이었고, 그의 땅은 비를 구경하지 못했다. 결국에 이 사람은 죽게 되고, 그 나쁜 사람이 거의 헐값에 그 농장을 사들인다. 여기에서 영화는 끝난다.

나는 정말이지 심각하게 절망스런 느낌을 가지면서 비디오를 껐다. 나는 아내에게 말했다. "바로 저 모습이 많은 사람들이 세상을 바라보는 방식이야. 악이 승리하고 끝나는 것." 만약 내가 아합왕이 나발의 포도원을 강탈하는 것에 대해 설교했다면, 이 영화는 내 설교의 도입 부분이 되었을 것이다.

내가 광고들에 대해서 갖는 질문은, "저 광고들은 사람들이 뭘 하기를 원하는 걸까? 그리고 어떻게 사람들에게 동기를 유발시킬까?"이다. 마케팅을 하는 사람들은 무엇이 사람들을 움직이도록 동기유발을 하는지 알아내는데 수많은 돈을 사용한다. 그들이 만든 광고들을 보면서, 우리는 그들의 조사 결과가 무엇인지를 볼 수 있다.

최근의 한 광고는 한 학교가 새로운 학생들을 모집하는 내용이었는데, 계속해서 그 학교의 졸업장이 좀 더 많은 돈을 벌수 있게 해준다는 말을 반복했다. 이 학교는 그 학교의 학생이 되면 좀 더 깊고, 좀 더 나은 사람들이 된다거나, 혹은 좀 더 풍성한 경력의 문을 열어준다는 약속을 하지 않았다. 그들이 내세우고 매달아 놓은 당근은 돈이었다. 설교를 할 때, 나는 과연 궁극적으로 돈만으로 만족케 할 수 있는지에 관해 질문을 제기하면서 그 광고를 사용할 수 있다.

최고조의 설교를 할 수 있게 해주는 또 다른 기여자로서, 나와는 전혀 다른 사람들과의 대화를 제시하고자 한다.

나는 힘있는 질문이 최고를 만든다는 사실을 터득했다. "당신은 어떻게 살아갈 겁니까? 당신의 직업 분야에서, 당신이 당면한 가장 큰 문제점은 무엇입니까? 당신의 세계에서 가장 성공한 사람은 누구입니까? 당신을 승리하게 하거나 혹은 패배하게 만드는 것은 무엇입니까? 당신은 무슨 걱정을 합니까? 당신이 이 세상에서 무언가를 해야만 했다면, 그건 무엇입니까?"

한번은 플라스틱 제조 공장을 갖고 있는 사람을 만났다. "당신은 무역에 있어서 큰 회사들과는 어떻게 경쟁하시나요?"라고 물었다.

"서비스입니다. 저는 고객들에게 최상의 서비스를 제공합니다." 그는 계속해서 고객이 원하는 것을 들어주기 위해 얼마나 먼 거리까지 이동하고 움직이는지 설명했다. 나는 그날 깨달았다. 어떤 하나의 상품은 그 상품에 딸려 오는 서비스에 비하면 사람들에게 그리 중요하지 않을 수도 있다는 점을 말이다. 바로 이점은 때때로 복음 전파에 관한 설교에도 적용될 수 있을 것이다.

최근에 내가 나눈 가장 의미 깊은 대화는 에이즈에 걸린 한 사람과 나눈 대화였다. 이 사람은 자신이 "사랑으로 묶인 관계"라고 생각했던 어떤 한 남자와 동성애 관계를 갖게 되었다. 이 사람은 "상대가 에이즈에 걸렸다는 사실을 고백하지 않았어요."라고 슬프게 말했다.

그는 얼마 지나지 않아서 자신이 죽을 것이라는 두려움에 대해서, 그리고 자신이 사랑했던 사람이 자신을 죽일 수도 있는 행동을 했다는 사실에 대한 분노에 관해 이야기했다. 그는 후회스런 자신의 감정과 추방되는 느낌, 그리고 성적으로 좌절한 것과 동시에 성이 가져온 결과에 대한 증오에 관해 이야기했다.

"저는 그 사람이 제게 했던 일을 다른 사람에게 그대로 할 수 없었어요."라고 그 에이즈 환자는 말했다.

이 모든 일들을 통해서, 그는 기독교인이 되었다. 이 사람과의 대화는 그런 상황 속에 있는 사람들을 좀 더 잘 이해하도록 도와주었다. 이런 대화는 내 영혼에 자양분을 공급해 주고 설교에 풍성함을 더해 준다.

자기 영혼에 대한 배려

우리 영혼이 풍성해질수록, 우리는 건조해지지 않고 설교할 수 있다. 우리 영혼, 지성, 정신을 좀 더 성숙시켜 줄 수 있는 영적 훈련들 중에서, 우리에게 유익한 것이 무엇인지를 찾아낼 필요가 있다. 영성 훈련에 참여한 아들을 둔 친구가 있는데 그는 침묵기도와 성경 본문에 대한 오랜 기간의 묵상을 통해서 매우 큰 영적 유익을 누릴 수 있다는 것을 발견했다. 이런 훈련 방법은 내겐 그리 유익을 주지 못한다. 그러나 이런 친구와의 교제가 내게 주는 도전이 얼마나 많은지는 이루 형언할 수 없을 정도이다. 많은 수의 사람들과 함께 있는 것은 나를 자극하기보다는 도리어 더 건조하게 만든다. 하지만 이 친구와 하루나 이틀을 보내기 위해서라면 나는 일정을 재조정할 것이다.

우리는 또한 진정한 성장과 임시적인 성장 사이의 차이점을 잘 인식할 필요가 있다. 나는 정말이지 클래식 음악을 매우 열정적으로 감상하는 한 여자 분을 안다. 그 여자 분은 거장의 음악을 들을 때, 그 음악을 영혼의 양식으로 삼는다. 나는 그분이 부럽다. 나는 음악이 그분의 영혼을 휘저어 놓듯이 내 영혼도 휘저어 놓기를 원한다. 때때로 그 여자분이 음악에 대해 이야기하는 것을 들을 때, 나도 이분처럼 음악에 대해 이야기하고 싶은 마음이 생긴다. 그러나 나는 그저 전문가의 모습을 흉내 낼 뿐이다.

우리가 기독교인으로서 그리고 설교자로서 초창기를 보낼 때, 우리에겐 멘토가 필요하고 좇아가야 할 모델들이 필요하다. 만약 그들이 갖고 있는 가치들이 그저 우리가 이러쿵 저러쿵 하면서 단순히 강조하는 그런 정도가 아니라 진정으로 우리 자신의 가치들이 된다면, 그들이 우리에게 불어넣어 주는 성장 동력은 진정성을 갖게 된다. 그러나 만약 우리가 단지 그들이 설교하는 그대로 따라서 설교하고자 한다면, 또한 그들이 갖고 있던 것과 동일한 삶의 모습들을 갖고자 한다면, 우린 진정성이 결여된 모습이 되고 말 것이다. 만약 당신이 계속해서 그렇게 한다면, 결국엔 당신은 모조품이 될 것이다.

일몰에 대해 명상에 잠기면서 큰 기쁨을 얻는 사람과, 그저 위대하고 "깊은" 사람들이 그렇게 하니까 일몰에 대해서 묵상하는 사람 사이에는 차이점이 있다. 마틴 로이드 존스의 책, 『설교자와 설교』 *Preachers and Preaching*에는 설교의 절박성이 얼마나 중요한지 이야기한다. 그러나 우리가 절박성을 만들어 내는 가치들이나 열정들을 갖지 않은 채 좀 더 절박해지고자 시도한다면, 우리의 설교는 그저 그런 척하는 모습으로 성도들에게 다가갈 뿐이다.

우리 영혼을 여지껏 붙들고 있었던 주제들, 경험들, 가치들, 저자들 그리고 기술 등은 우리의 설교라는 잔을 채우는 내용물들이다.

이야기해야 할 이슈의 숫자는 너무나 광대하고, 성경 본문에 설교 재료의 양은 엄청나고, 사람들의 필요는 무궁무진하여 설교자는 열 번 살아도 설교의 직무를 마칠 수 없다. 우리가 설교 작업을 진행하면서 하나님으로 가득차게 된다면, 우리가 설교 준비를 마무리하고자 앉았을 때, 우린 말해야 할 중요한 내용들을 갖게 될 뿐만 아니라 시간이 허락하는 것보다 더 많은 이야깃거리를 갖게 될 것이다.

생각해 봐야 할 질문들

1. 로빈슨은 설교 준비 과정을 시작함에 있어서 무엇을 제안하고 있는가?
2. 설교 준비의 두 번째 단계는 무엇인가?
3. 일을 줄여 주는 도구들의 목록을 작성해 보라.
4. 설교 재료 수집을 위해 제안해 볼 수 있는 습관으로는 어떤 것들이 있는가?
5. 당신은 어떻게 영적 훈련을 할 수 있는가?

참고도서

Green, Michael P. *Green's Filing Systems* : Baker, 1991.

Hansen, David. *A Little Handbook on Having a Soul* : InterVarsity, 1997.

Hostetler, Michael J. *Introducing the Sermon: The Art of Compelling Beginnings* : Zondervan, 1986.

Logan, Samuel T., Jr., ed. *The Preacher and Preaching: Reviving the Art in the Twentieth Century* : Presbyterian & reformed, 1986.

Von Rad, Gerhard. *Biblical Interpretation in Preaching. Translated by John Steely* : Abingdon, 1977.

설교자와 청중

9. '커뮤니케이션 왕들'과의 경쟁
10. 특수한 상황 속에 있는 모든 사람들을 향한 설교
11. 설교를 듣는 성도들을 듣는 것
12. 돈에 대한 설교 센스
13. 수표책(checkbook)의 간증

Making a Difference in Preaching

9. 커뮤니케이션 왕들과의 경쟁

당신은 설교를 마쳤고, 설교에 대해 만족스러워한다. 그런데 회중가운데서 누군가가 얼굴에 미소를 머금고 당신에게 나아온다.

"목사님, 참 좋은 설교입니다. 저기, 오늘 아침에 텔레비전에서 찰스 스탠리 Charles stanley를 보셨나요? 지금 몇 주에 걸쳐서 은혜에 관해 설교하고 있거든요. 정말 힘있는 설교랍니다! 스탠리가 말하기를……"

교회 성도는 좋은 뜻에서 말하는 것이지만, 불행하게도 당신은 비교 당한다는 느낌을 떨쳐버릴 수가 없다. 엄청난 재능의 설교자, 커뮤니케이션의 왕과 말이다.

내가 신학교에 있을 때, 칭송 듣던 설교자들이 우리 채플과 인근 지역의 컨퍼런스에 와서 설교와 강연을 했었다. 해리 아이언사이드 Harry Ironside, 버논 맥기 Vernon McGee, 로이 알드리치 Roy Aldrich, 스티븐 올포드 Stephrn Olford, 레이 스테드맨 Ray Stedman. 이런 설교자들의 설교를 들은 뒤에, 다른 사람들은 감동과 영감으로 가득차곤 했다. 그러나 나는 설교를 그만 두고 싶은 심정으로 예배당을 걸어나가곤 했다. 나는 언젠가 피터 마샬Peter Marshall의 설교를 읽고서 문자 그대로 평평 울었던 것을 기억한다. 그의 설교를 따라갈 만한 설교를 만들 수 없었기 때문이다. 커뮤니케이션의 왕의 설교를 듣는 것은 설교에서 벗어나고픈 마음을 갖게 만든다.

많은 설교자들이 이와 동일한 느낌을 가질 수 있다. 오늘날에는 좀 더 많은 "왕들"이 설교학의 지경을 다스린다. 대중매체 설교자들은 최고의 은사를 받은 사람들이고 그들은 리서치 자료들, 오디오나 비디오 엔지니어들 그리고 매일매일의 건조한 목회에서의 자유라는 또 다른 장점들을 즐기는 사람들이기도 하다.

여기에다가, 지역 교회 목회자들은 커뮤니케이션 세대들 속에서 설교한다. 매일매일, 우리 성도들은 돈으로 살 수 있는 최상의 커뮤니케이션을 듣는다. TV 뉴스에 나오는 부드러운 사람들로부터, 눈부신 연예인들과 유쾌한 코미디언에 이르기까지 말이다. 이들 모두는 전문적인 언어의 마술사들로부터 재료들을 공급 받는 사람들이다. 메디슨 에비뉴(Madison Avenue 미국 뉴욕에 있는 패션의 거리—옮긴이)는 매혹적이고 힘있는 커뮤니케이션을 제공하는 30초짜리 TV 광고를 위해서나 혹은 잡지의 한 페이지 광고를 위해서 수백 만 달러를 쏟아 붓는다.

이런 커뮤니케이션의 왕들은 사람들이 지역 교회 목회자들을 향해 갖는 기대치에 어떤 영향을 끼쳤는가? 에전의 농구 경기에서 덩크

숫은 신기한 장면이었지만 지금은 가드들 조차도 "농구 골대 위에서" 날아 다닌다. 커뮤니케이션의 왕들은 모든 사람들에게 요청되는 경기 수준을 높인 것인가? 지역 교회 목회자는 그들보다 더 유리한 조건을 갖춘 것이 있는가? 커뮤니케이션의 왕들은 친구인가 아니면 경쟁자인가? 우리는 그들로부터 무엇을 배울 수 있는가?

흔들리는 판단력

우리는 인정해야만 한다. 커뮤니케이션의 왕들은 기술이 출중하고 재능이 많은 사람들이다. 그리고 그들은 우리가 삶을 바친 바로 그 분야에서 탁월한 사람들이다. 목회자들이 위협감을 느끼는 것은 그저 자연스러운 일이다.

우리가 지나치게 과장해서는 안되지만 대게 목회자는 성도들이 반응에 아주 민감하다. 물론 그것이 바람직하지만 다른 한편으로 안타까운 것은 설교자가 무시나 비평에 대해 방어력이 약하다는 것이다. 25명의 성도들이 교회에서 나와 집에 가는 길에 "좋은 설교입니다."라고 말하고 한 명의 여자 성도가 농담 비슷하게 "좋아요, 항상 다음 주가 있으니까요."라고 말한다면, 우린 그 여성도가 말한게 무슨 의미인지를 생각하느라 오후 시간을 보내곤 한다.

나의 두 가지 경험들이 이런 대단한 예민성을 일례로 보여 주는데, 이런 모습은 우리로 하여금 우리가 행한 설교에 대해서 의심하게 만들거나 혹은 때때로 설교의 결과에 대해 잘못 생각하게 만들곤 한다.

몇 해 전에, 나는 젊은이들을 위한 집회에서 강연을 했는데, 내 강연 메시지가 좀 약하게 아닌가 하는 생각이 들었다. 핵심적인 예화를 부적절하게 사용하는 바람에 균형을 잃고 말았다. 설교를 하고 있으면서도 정신이 나가는 듯한 느낌과 설교 형편없다는 생각이 떠나지 않았다. 잡지를 읽는 몇몇 젊은이들도 눈에 띄었다.

설교를 끝냈을 때, 설교를 완전히 망쳤다고 느꼈고, 얼른 그 건물에서 빠져나오고 싶었다.

일곱 달이 지난 뒤, 그 집회에 참석했던 두 명의 청년과 채팅을 하고 있었는데, 그들은 "목사님 말씀에 정말 은혜 받았습니다."라고 이야기했다. 그 청년들이 그저 예의를 차리는 것이라고 생각하면서, 나는 그들의 칭찬을 그냥 지나쳐버렸다.

그 뒤로 여섯 달이 더 흐른 뒤, 여행을 가기 위해 짐을 꾸리면서 비행기 안에서 들으려고 한 웅큼의 설교 테이프들을 챙겼다. 다음 날, 그 테이프들을 뒤지다가 그 청년 집회에서 설교했던 테이프를 발견했다. 다시는 듣고 싶지 않았던 그 설교를 말이다. 그러나 나는 마음을 바꿔 조금은 움찔거리면서 설교 테이프를 카세트에 집어넣었다.

나는 어안이 벙벙해졌다. 당시 내가 의도했던 내용대로 이야기했었고, 꽤나 달변이라고 느꼈기 때문이다. 상당히 많은 시간이 흘렀기에 객관적으로 들을 수 있었다. 설교를 하는 동안 내가 가졌던 느낌은 사실이 아니었던 것이다.

물론 반대의 경우도 있다. 교회에서 매우 성공적인 설교를 했다고 느낀 적이 있었다. 예배가 끝난 뒤에, 목회자실에서 잠시 시간을 보내며 쉬고 있었는데, 누군가가 성도 카드(예배에 관한 느낌이나 질문, 기도 제목 등을 적어내는 카드)에 무언가를 적어 놓은 것을 보았다. 나는 그 내용을 읽으면서 상당히 놀랐다. "도대체 이분이 얼마나 오랫동안 설교를 할지 궁금했다. 식당 대기 줄이 아마 길게 늘어서 있을 텐데 말이다."

분명히 내 설교는 이 메시지의 기록자에게 별다른 감동을 주지 못했던 것이 틀림없다.

요점은 이것이다. 우리가 설교를 잘했는지 못했는지에 지나치게 예민한 것은 종종 우리의 판단력을 흐리게 만들곤 한다. 그리고 커뮤니케이션 왕들에 대한 예민함은 우리를 방어적으로 만든다. 우리가 이런 사실을 인식하기만 해도, 이미 우리는 일종의 압박감으로부터 어느 정도 자유로워지기 시작한다.

지역 목회자가 갖는 유리한 점

텔레비전이나 라디오, 설교 테이프나 집회 등을 통해서 전국민을 청중 삼아 설교하는 사람들도 청중들에게 다가서기에는 유리한 점들을 많이 갖고 있지만, 지역교회 목회자도 유리한 점들을 꽤 많이 갖고 있다. 우리는 우리가 생각하는 것보다 훨씬 더 유리한 조건에서 경기를 한다.

우선, 성도들과 더불어 인격적인 관계 사랑하는 관계 속에서 유익을 누린다. 성도들이 우리를 그들과 함께해주는 데서 오는 신뢰와 영적 권위를 가지고 우리는 강단에 선다. 우리가 기도의 능력에 관해 설교할 때면, 성도들은 자신들이 낙망하고 힘이 없을 때 우리가 그들을 위해 중보기도 해주었던 목회자가 바로 우리라는 것을 안다. 우리가 긍휼에 대해서 설교할 때면, 성도들은 우리가 장례식 때 그들과 함께 울어준 목회자가 바로 우리라는 것을 안다.

우리 설교를 듣는 성도들은 우리를 알고, 신뢰하며, 또한 성도들은 우리가 설교한 내용을 실제로 적용하면서 살아가는 모습을 본다. 이런 본보기는 단순한 설교학적 기교들이 할 수 있는 그 어떤 것보다 더 많은 것을 이루어 준다.

지역교회 목회자는 또한 그 지역 특유의 억양과 발음 등을 활용하고 누릴 수 있다. 설교자가 다른 지역 사람이면 청중들 금방 알아차린다.

앞에서도 소개한 바 있지만, 나는 어떤 설교자가 "타자가 4루타를 쳤습니다."라고 말하면서 야구 예화를 사용하는 것을 들은 적이 있었다. 2루타, 3루타라는 용어는 사용하지만, 야구를 아는 사람이라면 4루타가 아니라 홈런이라는 용어를 사용한다. 그 설교자는 미국인이 아니었다. 국가적인 차원에서도 적용되는 문제이기도 하지만 지역적인 차원에서는 더욱 분명하게 적용된다. 오직 한 지역의 목회자만이 적절하게 사용할 수 있고 또한 활용할 수 있는 지역적인 "억양"들이 있는 것이다.

언어적인 억양이 있다. 같은 나라지만 어떤 곳에서는 사람들이 저녁에 먹는 식사를 'supper'라고 말하고, 또 어떤 사람들은 'dinner'라고 표현한다. 일부 지역들에서는 음료수를 표현하면서 'pop'이라고 말하고, 다른 지역들에서는 'soda'라고 말한다. 우리는 'milk shakes'라고 하지만 뉴 잉글랜드 지역에서는 'freezes'라고 한다. 다른 지역에서는 좀 더 천천히, 콧소리를 섞어서 이야기하고, 또 다른 지역에서는 톡톡 끊어서 이야기한다. 서부에서는 "I'm going with you"라고 말하지만, 중부지역에서는 "I'm going with"라고 말한다.

설교자는 자연스럽게 각 지역의 특색있는 어감에 익숙해졌기 때문에 전 국민을 대상으로 테레비전에서 설교하는 설교자들이 줄 수 없는 없는 동질감을 느끼게 한다.

사회적인 억양이 있다. '블루 칼라'들이 주로 사는 지역 사람들은 좀 더 거친 표현을 사용하는 경향이 있고, 일반적으로 문학적인 문어체를 좋아하지 않는다. 이들은 전문직에 종사하는 사람들을 신뢰하지 않는 반면 보통 사람들과 그들의 상식을 존중한다.

중산층이고 도시 외곽에 살며 대학 교육을 받은 사람들은 좀 더 높은 고등 교육에 가치를 두고, 좀 더 추상적인 말들을 사용한다. 이들은 종종 전문적인 것처럼 이야기하고, 지적인 교양을 존중한다.

지역교회 목회자는 이런 사회적 억양에 맞춰서 설교할 수 있다. 더군다나, 설교자는 지역에서 사용하는 농담을 하거나 그 지역의 유명한 건물들이나 표시들을 지칭하는 별병들을 언급할 수도 있다.

예를 들어서, 시카고 지역에서는 그 지역의 컴퓨터 교육 시스템을 줄여서 "더 엘"이라고 부르지만, 다른 지역들에서는 "메트라"라는 말을 사용한다. 그저 한두 가지 예화들을 사용하는 것을 통해서, 목회자는 그 지역 사람들이 금방 알아차리고 인식할 수 있는 장면들을 떠오르게 할 수 있다.

역사적인 억양이 있다. 지역교회 목회자는 그 지역에 거주하는 사람들에게 중요한 사건들을 알고 있다. 큰 화재, 홍수, 그 지역 고등학교가 농구에서 우승했던 해 등등. 지역교회 목회자는 이렇게 말할 수 있다. "피터슨 코치의 부고를 어제 신문에서 읽었습니다. 여러분 모두가 그분을 알고 있습니다. 여러분의 자녀들 대부분이 피터슨 코치에게서 역사를 배웠습니다. 피터슨 코치는 우리 마을에서 젊은이들에게 영감을 불어넣어 주는 건강한 사람이었습니다. 한 사람이 얼마나 활기차고 생동감 넘칠 수 있는지를 보여준 사람이었는데, 이제는 죽음이 얼마나 빨리 올 수 있는지를 생각하게 해주는군요."

이런 지역적인 예화는 단순히 아리스토텔레스나 바이런의 죽음을 인용하는 것보다 훨씬 더 깊은 인상을 남긴다.

이런 모든 억양들은 지역교회 목회자에게 친밀한 화합, 신뢰, 함께 살아가는 사람으로서 갖는 유리한 장점을 부여한다.

프린스턴신학교의 설교학 교수였던 토마스 롱Thomas Long은 언젠가 오늘날의 위대한 설교는 지방색이 있다고 말한 적이 있다. 즉 그 지역 주민들에게서 비롯되고 그들과 관계된 설교이다. 그러나 모든 지역교회 목회자들이 아니라, 성도들의 독특한 억양을 가지고 이야기할 수 있는 지역 교회 설교자들만이 좀 더 강력한 영향을 줄 수 있다.

파트너 그리고 멘토

자, 우리가 이런 여러 유리한 점들을 갖고 있지만, 여전히 커뮤니케이션의 왕들은 우리 회중에게 중요한 영향을 주고 있으며, 우리는 이 사실을 간과할 수가 없다. 그렇지만 우리는 불안감이나 방어적인 태도로 반응해서는 안 된다. 이제, 커뮤니케이션의 왕들이 하는 사역들을 잘 활용할 수 있도록 도움을 주는 두 가지의 긍정적인 반응을 제시할까 한다.

• 감사하는 태도를 가지라. 비록 우리가 질투심을 질투심이라고 거의 인정하지 못하기는 하지만, 위대한 설교자에게 질투가 나는 것은 자연스러운 일이다. 일반적으로 이런 질투심은 그들의 이름이 언급될 때마다 그들 사역에 대해서 흠집을 잡고 비평하는 형태로 나타나곤 한다.

커뮤니케이션의 왕들은 마치 도시락이 개미들을 불러 모으듯 질투심을 불러일으킨다. 개인주의와 경쟁을 존중하는 문화 속에서 커뮤니케이션에 능숙한 사람들은 사역에 있어서 좀 더 "성공"한 것으로 여겨지고 그렇게 보인다. 우리는 나 아닌 다른 누군가가 승리자가 되면 스스로 패배했다고 가정한다.

이런 방식은 바람직하지 않다. 덴버에서 목회를 하던 한 친구는 질투심을 극복하는 방법을 배우고 있다. 얼마 전, 많은 수의 사람들이 그 친구가 목회하던 교회를 떠나서 근처에 있는 대형교회에 출석하기 시작했다. 친구는 일주일이 넘도록 후회와 분노로 힘겹게 씨름을 했다. 그는 자신의 유일한 소망은 기도하는 것이라고 결단하고 그 대형교회와 그 교회의 목회자를 위해서 기도하기 시작했다. 그는 시간을 정해 놓고 기도했다. "하나님 감사합니다. 그 교회와 목사님은 우리의 손길이 닿기 어려운 사람들을 보살펴 주고 섬기고 있습니다."

그의 태도는 완전히 달라졌다. 그 이후부터 친구는 그 대형교회의 성공사례들을 듣게 될 때마다, 자신의 기도가 응답된 것이나 마찬가지이기 때문에 기뻐할 수 있었다. 친구는 기도하면서 자신의 교회와 그 대형교회가 같은 팀이며, 좀 더 큰 네트워크의 일부분이라는 사실을 깨닫게 되었다. 좀 더 큰 교회가 성공하면 팀이 성공하는 것이다.

그는 또한 이런 태도를 강단에서 표현하는 법도 터득했다. "경쟁자" 관계인 설교자를 위해 공개적으로 기도할 때, 작은 교회의 목회자들이 큰 교회의 목회자들과 경쟁 관계에 있는 것이 아니라는 사실을 회중들에게 교육할 수 있었고, 또 목회자 자신은 그 사실을 재확인할 수 있었다.

만약 교회 성도가 "저는 찰스 스탠리의 설교에서 정말로 많은 것을 얻어요. 목사님도 그분을 보셔야만 해요."라고 말한다면, 우리는 이와 비슷한 방식으로 대답할 수 있다. "하나님이 이런 은사들을 찰스 스탠리에게 주신 것도 참 놀랍고, 그분이 이렇게 많은 사람들에게 좋은 영향을 끼치는 것도 놀랍지 않습니까?" 이 내용이 어쩌면 진부하게 들릴지도 모르지만, 이것은 오래된 생각이고 성경적인 생각이며, 나는 이런 식의 반응이 적절한 역할을 한다는 것을 직접 경험했다. 우리는 기뻐하는 자들과 더불어 기뻐할 수 있다.

팀 구성원이 갖는 최고의 목표는 승리하는 것이다. 릴레이 수영 경기에서 두 번째로 수영을 한 사람은 자신의 동료가 기록을 세우며 마지막 턴을 하고 결승점에 들어왔을 때 함께 기뻐한다. 라이벌, 그리고 거기에서 오는 질투심은 핵심이 아니다. 목표는 메달이며 감사가 가득한 모습은 선수가 보여야할 일반적인 태도이다.

- 약점이 아니라 능력 있는 모습을 모방하라. 광고에서 마이클 조던을 등장시키면서 "조던처럼"이라고 말하듯이, 설교의 세계에서도 마찬가지 영감을 얻을 수 있다. 역설적이지만, 종종 목회자들은 커뮤니케이션의 왕들이 보여 주는 특이한 버릇이나 약점을 모방한다.

커뮤니케이션의 왕들은 약점들이 있음에도 불구하고 성공한 것이지, 그런 약점들 때문에 성공한 것이 아니다. 그들의 특징들은 매우 가시적이라는 것이고, 그들을 모방하는 사람들은 바로 이점을 꺼집어내서 모방하곤 한다.

한 전도유망한 설교자가 말을 먼저 하고 제스처를 한 발 늦게 취하는 습관을 갖고 있었다. 그는 "넓고, 넓은 사막이었습니다."라고 말하고서는 약 1-2초가 흐른 뒤에 팔을 넓게 벌렸다. 이 버릇은 결코 주의를 산만하게 하지도 않았고, 그는 다른 강점과 능력으로 이런 문제를 극복했다. 하지만 지금 그를 따라서 제스처를 늦게 취하는 사람들이 있는데, 그들은 값싼 모조품처럼 보인다.

칭송 듣던 또 다른 한 설교자는 다리를 흔들곤 했다. 그건 그저 사랑스러운 습관 정도로 보였다. 하지만 그가 훈련시킨 사람들이 똑같은 행동을 할 때, 그들의 모습은 마치 신경질환자처럼 보였다.

과거의 일부 성공적인 목회자들은 큰 목소리로 쉬쉬 하는 바람소리를 내거나 혹은 모든 문장들 중간 중간에 "아멘"이라고 큰 소리를 내곤 했다. 많은 사람들이 그런 사람들을 흉내 냈지만, 그저 손해만 될 뿐이었다.

위대한 설교자들의 장점과 능력들에서 무언가를 배우려면, 우리는 그들의 설교 중 하나를 세 번이나 네 번 정도 들어 볼 필요가 있다. 감정적으로 간격을 유지하면서 설교자가 하는 행동을 분석하기 위해서는 여러 차례 설교를 듣는 것이 필요하다.

첫 번째로, 그 설교가 잘된 점이 무엇인지 알려고 노력하고 나서 그 이유를 생각해 보라. 설교가 진정성 있는 방식으로 당신의 감정에 영향을 끼치는가? 도입 부분에서 당신의 흥미를 유발시키는가? 마무리 부분에서 해결책을 제시하고 영감 있는 감성으로 끝맺음하는가? 왜 중심 내용들이 그렇게 잘 기억에 남는가? 무엇이 설교에 권위를 부여해 주는가?

설교를 분석하는 것과 더불어, 계속적으로 설교학을 연구하는 것을 통해서 유익을 누릴 수 있는데, 이런 연구는 능숙하게 의사소통하는 사람들의 요령을 분석하는 데 필요한 기준을 제공해 준다.

예를 들어서, 나는 설교학에 관련된 책들과 논문들을 계속해서 읽고 연구해 왔는데, 이런 연구는 현대의 청중들이 어떻게 발전하고 변해 왔는지를 살펴보는 데 도움을 주었다.

현대의 청중들은 귀납적으로 접근 방식에 잘 반응하는데, 이 방식은 삶에서 나오는 수많은 예들을 제시하고 거기에서 원칙을 끌어내는 방식이다. 설교를 듣는 사람들은 원칙과 원리들을 상세히 설명하면서 설교를 시작하면 조금은 지루해 한다. 설사 그 원칙들이 예시적인 것이라 하더라도 말이다. 많은 현대의 성도들은 그저 설교자가 내려 주는 결론을 수동적으로 듣는 것보다는 어떤 주제를 살펴나가고 설교자와 함께 답을 찾아나가는 것을 더 선호한다.

현대 커뮤니케이션의 이런 패턴을 깨닫게 된 이후에 나는 능숙한 전달자들이 이 패턴을 얼마나 성공적으로 활용하는지 인식할 수 있었다.

매해마다 나는 서로 다른 타입의 저명한 설교자를 선택한다. 살아 있는 사람도 있고 고인이 된 사람도 있다. 피터 마샬, 찰스 피니, 알렉산터 맥클라렌 등. 한 해 동안 그 사람에 대해서 연구한다. 그리고 그 설교자의 설교들과 전기를 읽는다. 가능하다면 그의 설교 테이프를 듣거나 설교 영상을 본다. 그 설교자가 어떻게 설교 준비를 했는지에 관한 자료가 있다면 그것이 무엇이 되었건 찾아서 읽는다. 그런 뒤에, 설교 원고를 작성하는 중간 정도에 무언가 설교 전개의 연결점이 될 만한 것을 얻게 되면 나 자신에게 질문해 본다. "스펄전이라면 어떻게 이 부분을 다루었을까? 클로비스 차펠Clovis Chappell은 이 부분을 생생하게 만들기 위해 어떻게 했을까?"

나는 또한 이 세상의 커뮤니케이션 왕들이 어떤 접근법들을 사용하는지도 알아보고자 연구한다. 나는 잘 알려진 정신분석학자 존 브래드쇼John Bradshaw를 살펴보았는데, 그는 관계성들과 내적 어린아이에 관해 이야기한다. 나는 브래드쇼의 대중성과 인기는 사람들에 관해 사람들에게 하는 그의 이야기에서 기인한다고 결론 내렸다. 그저 성경을 사람들에게 적용하기만 하면 사람들이 이것을 설교로 생각할까? 성경을 통해서 사람들의 삶에 대해 이야기하는 것이 설교를 듣는 것에 과연 도움을 주는가? 성경을 기준으로 청중의 삶에 관해 이야기하고, 청중의 경험과 분투를 설명하기 위해 성경을 사용하며, 그리고 성경에 나온 해결책을 제시하는 것이 청중을 귀기울이게 할까? 이런 미묘한 문제가 대중들이 반응하는 방식에 중요한 영향력을 행사할 것이다.

위대한 운동선수들의 중요한 특징 한 가지는, 그들이 주변 사람들로 하여금 좀 더 나은 경기를 하게끔 만들 수 있다는 점이다. 그들은 그저 단순한 스타가 아니다. 평범한 선수들을 강팀으로 만든다.

커뮤니케이션의 왕들은 나를 불안하게 만들기도 했고 때때로 나의 부족함을 느끼게도 했지만, 나는 그들로 인해 좀 더 나은 설교자가 되었다. 그들은 내게 영감을 주었으며 가르침을 주었다. 우리 모두가 농구 골대 위에서 날라다닐 수는 없겠지만, 그들은 우리 경기를 고양시켰고, 우리들 각자가 하나님이 우리에게 주신 한두 개 혹은 열 개의 "달란트"를 최상으로 활용하게끔 만든다. 우리는 커뮤니케이션의 왕들과 맞서서 경쟁하지 않는다. 그들과 더불어 경쟁한다.

생각해 봐야 할 질문들

1. 무엇이 우리의 설교를 평가하는데 있어서 우리의 판단을 흔들어놓는가? 그 이유는 무엇일까?
2. 지역 교회 목회자에게는 어떤 유리한 점들이 있는가?
3. 설교자들이 그들 사역의 이점을 활용하도록 돕기 위해 로빈슨이 제안한 긍정적인 반응들은 무엇인가?
4. 당신이 커뮤니케이션의 왕들을 대할 때 직면하는 도전들은 무엇인가?
5. 당신은 당신의 의사소통 능력을 증진시키기 위해서 무엇을 할 수 있는가?

참고도서

Hansen, David. *The Power of Loving Your Church: Leading Through Acceptance and Grace* : Bethany House, 1998.

Jacks, G. Robert. *Just Say the Word: Writing for the Ear* : Eerdmans, 1996.

Lowry, Eugene L. *The Homiletical plot* : John Knox, 1980.

Radecke, Mark William. *In Many and Various Ways: Exploration in Sermonic Form* : C.S.S., 1985.

Reierson, Gary B. *The Art in Preaching: The Intersection of Theology, Worship, and Preaching with the Arts* : University Press of America, 1988.

10. 특수한 상황 속에 있는 모든 사람들을 향한 설교

어떻게 적재적소인 설교를 할 것인가?

매사추세츠 렉싱턴에 있는 그레이스 채플에 1년 넘도록 목회자가 없는 동안, 여러번 그곳에 가서 설교했었다. 이 교회는 유난히 다양했는데 성도들 중에는 하버드 대학 교수와 고등학교 중퇴자, 의사와 변호사 그리고 청소부, 정치활동가와 신문조차 읽을 수 없는 사람, 수백 만 달러의 투자자와 기초생활 수급자가 각양각색으로 있었다. 게다가 다양한 민족과 인종들이 섞여 있었다.

이렇게 다양한 성도들 앞에 매주 서면서, 그들 모두에게 다가서야 한다는 책임감 때문에 곤혹스러웠다. 설교를 준비할 때에 성도들에게 내 설교를 속속들이 잘 전달할 수 있을지를 놓고 마음을 졸이기도 했다.

설교자인 우리의 임무는 아주 단순하게 표현할 수 있다. 여러 사람들에게 여러 모습을 보여 주는 것이다. 실제적으로 이렇게 하는 것은 결코 만만치 않은 일이다.

편해지는 것 포기하기

우리가 교회의 모든 성도들을 아우르며 설교하는 일에서 실패하면, 우리는 그저 부러진 팔을 어떻게 맞추는지만 알고 있는 의사와 비슷하게 된다. 환자가 복통을 호소해도 그 의사는 환자의 팔을 부러뜨리고서는 다시금 그 팔을 맞추려 들 것이다.

좀 더 폭넓은 청중들에게 다가서려면, 우리는 편안해지는 것을 포기해야 한다. 바울이 "내가 여러 사람에게 여러 모습이 된 것은 아무쪼록 몇 사람이라도 구원하고자 함이니"(고전 9:22)라고 말했을 때, 그저 단순하게 복음전도에 관해서만 언급한 것은 아니었다. 그는 회심한 사람들이 성장해 나가는 것을 돕는다는 관점에서도 이야기하는 것이다. "약한 자들에게", 다시 말해 약한 양심을 갖고 있는 성도들들에게 그는 약한 자와 같이 되었다. 바울은 약한자들을 위해서 자신의 자유를 포기하고 제한했다.

좀 더 폭넓은 범위의 청중들에게 설교하는 것은 우리에게 희생을 요구한다. 우리는 어떤 부분에서는 유머를 사용할 수 있는 자유, 우리에게 의미가 있는 소그룹들의 이름을 부르는 자유, 흥미를 느낀 책과 영화들로만 예화를 사용하는 자유, 비슷한 교육 수준을 갖고 있

우리와 같은 수준의 기독교적 헌신을 하고 있는 사람들에게만 설교할 자유 등을 포기한다. 때때로 이런 희생은 우리를 억압하는 것처럼 느껴지기도 한다.

예를 들어서, 여성의 활동을 강하게 반대하는 목회자가 있다고 해 보자. 이런 목회자는 그런 활동을 하는 리더들이나 그들의 행동들을 그냥 대충 지나쳐 버릴 것이다. 이런 목회자는 그렇게 함으로써 교회의 성도들에게서 여성들을 쓸데없이 분리시키는 위험을 만든다.

그럼에도 우리들에게 가장 편안한 것을 희생하는 일은 우리에게 우리가 설교할 강단을 제공해 준다. 예를 들어, 바울이 율법을 무시했다면 율법주의적인 유대교인은 바울을 신뢰할 만한 사람이라고 간주하지 않았을 것이다. 이처럼 목회자가 여성들의 논쟁 거리에 대해 아무런 민감성을 보여 주지 않는다면 많은 여성들은 설교자를 믿음직한 사람이라고 평가하지 않을 것이다.

왜, 이 모든 고난을 향해 가는가? 그것이 옳고 현명한 일이기 때문이다.

성격이 날카로운 사람들은 우리에게 상처를 가장 많이 받는 사람들이다. 복음에 대해서나 더 깊은 헌신에 대해 조심스럽게 생각은 하지만 소심할 뿐만 아니라 목회자가 한 번만 무례한 모습을 보여도 쉽게 달아나는 사람들이다. 이미 견고하게 자리를 잡았거나 헌신하는 사람들은, 우리가 부주의하게 실수를 저지른다 하더라도 우리를 떠나지 않을 것이다. 우리가 다가가고자 노력하고 있는 새로운 사람들은 야생 칠면조처럼 쉽게 놀라고 쉽게 떠나가 버린다.

어떤 젊은 부부가 시카고 교외로 이사를 왔고, 약 7개월 동안 한 교회에 출석을 했다. 교회는 남편이 실직 상태에 있을 동안 그 부부를 도와주었다. 목회자는 그 남편을 7번 정도 만났는데, 그는 생태학을 전공한 사람이었고 교회 일에 좀 더 깊이 다가서려는 관심을 갖고 있었다.

그런데 갑작스럽게 그 부부가 교회에 발길을 끊었다. 목회자는 부부와 접촉을 가지려고 계속 시도했고, 결국 일곱 달이나 지난 뒤에 그 남편과 간신히 점심 식사를 같이 할 수 있었다. 목회자는 그에게 왜 그동안 교회에 나오지 않았는지 이유를 물어보았다.

그는 대답했다. "목사님은 설교 중에 몇 번에 걸쳐서, 과학을 경시하시는 언급들을 하셨습니다. 만약 목사님이 그런 식으로 느끼신다면 우리는 뜻을 같이 하기는 힘들 것 같습니다."

이 목회자는 자신이 했던 표현들에 대해서 기억을 더듬어 보았다. 그저 지나가듯이 했던 이야기들이었거나, 혹은 인간의 생각은 연약한 것이어서 그리스도의 권능과 비교할 수 없다는 수사적인 표현들이었다. 그러나 그 결과는 만만치 않았다. 좀 더 깊은 제자도를 향해 나아가겠다는 다짐을 보여 주었던 사람이 방향을 돌려버리는 결과를 낳은 것이다.

어떻게 해야 서로 달라도 너무 다른 사람들, 그리고 우리와 다른 삶들에 대해 이해할 수 있을까?

소설가들이 하는 것처럼 듣고 관찰하라. 당신이 상담하는 사람들의 이야기를 경청하고, 레스토랑이나 상점에서 당신 주변에 있는 사람들이 나누는 대화를 주의 깊게 들으라. 영화 등장인물들이나 뉴스에서 인터뷰하는 일반인들을 주의 깊게 관찰하라. 이런 사람들이 자신들의 관심사를 어떻게 표현하고 이야기하는지, 그들이 사용하는 특정한 표현법들이 무엇인지, 그들의 느낌들, 그들의 이슈들을 주목하라. 대화에 귀를 기울이도록 하라.

나는 포커스 그룹을 만들어서 주일 설교를 하기 전에 매 목요일마다 모임을 갖는 목회자를 알고 있다. 그 목회자는 예닐곱 명의 사람들과 함께 점심식사를 하는데, 그들은 매우 다양한 배경을 갖고 있는 사람들이다. 이 목회자는 그들에게 자신의 설교 주제에 대해서 이야기하고 그들에게 이 주제에 대해 어떻게 들었는지를 묻는다. 그러면 사람들은 종종 이 목회자가 전에는 전혀 생각도 해보지 못한 이슈들을 제기하곤 한다.

어느 날 예배가 끝난 뒤에, 한 여성이 내게 자신과 다른 몇몇 아프리칸—아메리칸 사람들이 뉴욕 타임스에 나온 광고를 보고 어떤 생각을 가졌는지를 이야기했다. 그 광고는 동성애자들이 자신들의 상황을 묘사하기 위해 흑인들의 경험을 끌어다 사용한 내용이었는데, 이 여성은 매우 분노하고 있었다. "그들은 자신들을 소수 그룹이라고 규정했어요. 우리들은 모두 소수 그룹들이에요, 하지만 공통점은 그것 한 가지 뿐이에요. 그들은 우리가 겪어 온 일에 대해서 전혀 몰라요. 그 사람들은 흑인의 고통에 대해서 알지 못해요."

그녀는 불이익을 당하는 소수 그룹이 무엇을 어떻게 느끼는지에 관해 내가 이해할 수 있도록 말해 주었다. 그래서 나는 미국에서 흑인으로 태어나 살아가며 고통을 느끼는 사람들을 하나님이 어떻게 도우시는지를 언젠가는 반드시 언급할 것이다.

특정한 청중들을 대상으로 삼기

복음서에서 우리는 그리스도가 두 사람을 동일한 방식으로 결코 다루시지 않았다는 사실을 발견한다. 주님은 호기심 많은 바리새인을 향해서는(니고데모를 향해서는) 네가 거듭나야 한다고 말씀하셨고, 우물가의 여인을 향해서는 그녀에게 생수가 필요하다고 말씀하셨다. 주님은 개개인들에게 복음을 가져다 주셨지만, 그 사람과의 접촉점을 통해서 그렇게 하셨다.

신약 성경 서신들은, 그 서신들이 동일한 기초적인 신학을 매우 다양한 문제들에 담아내고 적용하기 때문에 서로 다르다. 고린도전서에서, 바울은 부활을 의심하는 사람들을 향해서 부활에 관한 교리를 변호했다. 데살로니가 전서에서 바울은 그리스도안에서 이미 죽은 사람들에 관해 염려하는 성도들에게 동일한 진리를 가르치고 전달했다. 진리는 그 진리가 누군가의 개인적인 상황에 대해 이야기되고 선포될 때 가장 강력하게 경험된다.

이점을 알고 있기 때문에, 어떤 설교자들은 설교를 듣는 성도들을 배제시키지 않고자 노력하면서 일반적인 표현들을 하는 그런 설교로 빠져들곤 한다. 예를 들어, 만약 내가 "짜증은 우리 모두를 괴롭힙니다."라고 말한다면, 나는 특정한 상황 속에 있는 그 누구에게도 말하지 않는 것이다. 일반적인 표현들로 가득 찬 설교는 특정한 상황 속에 있는 사람 그 누구도 건드리지 않는다.

우리는 메시지에서 두 가지나 혹은 세 가지 유형의 사람들에게 구체적이고 특별하게 초점을 맞추는 것을 통해서 메시지를 효과적으로 전달한다(이 두세 그룹들을 매주 바꾸고 변화를 주면서). 놀라운 일은, 메시지가 좀 더 직접적이고 개인적이 될 때, 그 메시지가 좀 더 보편적이 된다는 점이다.

나는 "당신은 당신의 룸메이트와 함께 살고 있고, 당신의 룸메이트는 밥먹은 뒤에 곧장 설거지를 하지 않는 것과 같은 짜증나는 습관을 갖고 있습니다. 혹은 당신은 결혼했는데, 당신의 남편은 집에 와서는 TV 앞에 푹 빠집니다. 당신이 낮 동안에 어떻게 지냈는지에 대해서는 아무 상관도 하지 않은 채 말입니다." 이런 식으로 말하면서 갈등에 대한 설교를 제시할 수도 있다. 이런 두 가지 시나리오들은 청중들 모두에게 다 적절하게 들어맞는 것은 아니겠지만, 모든 사람들은 이런 구체적인 경험들이나 예화들에서 제시하는 감정들에 자기 자신을 일치시킬 수 있다.

나는 매우 다른 청중들에게 설교하는 것을 잘 감당해 낼 수 있도록 도움을 받고자 할 때, 내 좋은 친구인 돈 스누키안Don Sunukjian이 내게 제안해 준 방법을 사용한다. 나는 삶의 상황표를 사용하면서 설교들을 준비한다.

이 표의 맨 윗부분에는 가로줄 방향으로 남성, 여성, 미혼, 기혼,

이혼, 이런 삶의 모습들을 주욱 써 놓는다. 이 표의 세로줄 방향으로는 서로 다른 나이 그룹들(청소년, 청년, 중년, 장년), 직업적인 그룹들(실업 상태, 자영업, 직장인, 경영진 등), 믿음의 정도(헌신된 기독교인, 회의론자, 냉소적인 사람, 무신론자)의 항목들과 병든 사람과 건강한 사람들, 그리고 몇몇 사람들의 구체적인 이름을 적어 넣는다. 설교를 하면서 대상으로 삼고 있는 회중과 그 공동체에 토대를 두고 이런 도표를 작성한다.

성경 본문을 연구하고 내가 전하고자 하는 주제들을 발전시킨 이후에, 내가 하려는 설교 메시지와 특별하게 상관성을 갖는 2~4개 정도의 교차점들을 찾으면서 이 표 위를 배회한다.

예를 들어서, 누가복음 16장에 나오는 불의하지만 약삭빠른 청지기 비유에 토대를 두고 돈에 관해 설교한다고 생각해 보자. 나는 표를 살펴보았고, 성도들 가운데엔 큰 회사의 사장이었던 죽은 남편이 많은 액수의 유산을 남겨 준 과부가 있다는 것을 생각했다. 그녀는 언젠가 내게 "돈을 많이 가지고 있으면서 하나님을 진지하게 생각한다는 것은 정말이지 저주스런 일이에요."라고 말했던 적이 있었다. 나는 교회 성도들 중 수입이 많은 다른 사람들에 대해서도 알고 있었기 때문에, 나는 돈을 갖고 있는 이런 사람들이 이 본문에 대해 어떻게 듣고 어떻게 생각할 것인지에 대해 특별히 생각했다.

이 표에서 내가 살펴본 두 번째 교차점은, 일하고 있는 가난한 사람들이었다. 그들을 위해서, 설교에서 나는 그리스도는 우리가 갖고 있는 돈의 양이 아니라 한 사람이 어떤 마음 자세를 갖는지에 초점을 두신다고 언급했다.

특별한 관심을 기울인 세 번째 그룹은 설교 이후에 "모든 목회자들이 하는 일이라곤 그저 돈에 대해서 설교하는 것뿐이야." 이렇게 말할 수도 있는 방문객들이었다. 그들을 표에서 살펴보았기 때문에, 나는 얼마간의 유머와 이런 반대에 대해 직접적으로 이야기하는 내용을 포함시켰다.

경우에 따라서 나는 설교 전체를 교회내의 어떤 특정한 그룹에게 설교할 수도 있다. 가령 젊은 남성들이나 혹은 직장 생활을 하는 여성들, 혹은 십대들. 나는 "오늘 아침에 저는 십대들을 위해서만 설교하고자 합니다. 여러분들 중 어른들은 주일 아침에는 짧은 겨울잠을 즐기셨겠지만, 오늘 아침에는 그렇게 할 수 있도록 허락하겠습니다. 오늘 저는 젊은 사람들에게 말하기를 원합니다. 여러분은 우리 교회의 중요한 사람들입니다." 이렇게 말하면서 설교를 도입하고 시작할 수도 있다. 이런 설교에 나오는 모든 적용은 젊은 사람들을 위한 적용거리들이 될 것이고, 극히 적은 어른들이 귀를 기울일 것이다. 사실 넘겨들은 정보가 직접 받은 정보보다 좀 더 영향력이 있을 수 있다.

구체적으로 예화를 제시하기
⋮

우리가 비록 매주 다양한 회중들에게 설교하고 또한 회중들 중 일부 특정한 그룹들을 목표로 삼을 필요가 있긴 하지만, 설교를 듣는 모든 성도들은 이런 바람들을 갖고 있다.

- 성도들은 하나님을 만나거나 혹은 하나님으로부터 도망치기를 원한다.
- 성도들은 무언가를 배우기 원한다.
- 성도들은 웃기를 원한다.
- 성도들은 중요한 무언가를 느끼기 원한다.
- 성도들은 긍정적인 방법으로, 좀 더 잘할 수 있기 위한 동기부여를 받고자 한다.
- 성도들은 목회자가 그들의 고통을 이해하기를 원하며, 자신들이 올바른 일을 행하고자 할 때 갖게 되는 어려움을 목회자가 이해하기를 원한다.

이런 보편적인 관심들에 관해 이야기하기 위한 가장 중요한 도구는 예화다. 사람들은 개념보다는 사람에 더 잘 공감한다. 그들은 원칙에 대해서가 아니라 사람들에 대해서 이야기한다. 좋은 이야기들은 개인적인 경험들을 초월하고 승화하며, 그래서 여러 다양한 상황 속에 있는 사람들은 그 이야기들로부터 중요한 무언가를 얻을 수 있다. 설교를 듣는 청중들은 이야기를 들을 때, 그들 자신을 향해 이야기하며 자기 자신의 경험들을 그 안에 이입하고 상상한다.

한 노년의 여성도가 한번은 내게 이런 말을 했다. "때때로 기독교인의 삶은 시트를 세척하는 것과 비슷해요." 그녀는 자신이 큰 세척

통 안에서 시트를 어떻게 세척하는지에 관해 묘사하면서, 시트의 한쪽 편을 물에 담그면 공기 거품들이 시트의 다른 쪽 부분으로 올라오면서 물 위로 그 부분이 떠오른다고 이야기했다.

"내가 이쪽 편을 밀어서 집어넣으면, 저쪽편이 떠오르지요. 저는 시트 전체를 물에 담글 수는 없어요."

그녀가 그 장면을 묘사했을 때, 그녀의 경험은 나의 경험이 되었다. 내 마음은 반세기 전 내가 소년이었던 시대로 되돌아가 있었다. 어머니께서 손빨래를 하시면서 마찬가지 문제를 경험하시던 것을 회상했다.

나는 설교를 듣는 성도들이 내 설교에 공감하도록 돕기 위해서, 상세한 예화를 제시하고자 노력한다. 나는 스포츠에서 예화를 많이 가져오려고 하는데, 이런 예화는 여성들에게 호소력이 있을 수도 있고 혹은 그렇지 않을 수도 있다(여성들은 회중들의 절반 이상을 차지한다). 나는 의도적으로 많은 여성들이 공감할 수 있는 예화, 관계성에 초점을 맞춘 이야기, 집이나 가정에서 끌어오거나 일터에서 수집한 이야깃거리들을 예화로 포함시키려고 노력한다.

TV를 시청할 때도 예화를 찾는다. 나는 독서한 내용에서 예화를 끌어오는 경향이 있다. 그러나 성도들 대부분은 내가 독서하는 책들을 읽지 않는다. 그들은 나와는 다른 삶의 측면들을 살아간다. 그래서 나는 내 설교 속에서 성도들의 다른 모습을 존중하고자 노력한다.

내가 이야기하겠다고 선택한 예화들이 갖고 있는 본질적인 특징은, 모든 청중들이 자기 자신을 그 장면 속에 집어넣을 수 있고, 그 이야기의 등장인물이 될 수 있는 것이여야 한다.

나는 고든 맥도날드Gordon MacDonald가 세례 요한에 대해 설교할 때 이런 방식으로 아주 탁월하게 예화를 사용하는 것을 들었다. 고든은 요한의 사역을 모든 청중들이 몰입할 수 있도록 오늘날로 업데이트 해서 이미지로 제시했다. 고든이 사용했던 방식은 다음과 같다.

무리들이 요한에게 나아왔을 때 요단강에서는 예닐곱 가지 형태로 회개 문제를 다루었는데, 사람들은 이런 일들을 좀 더 체계적으로 진행할 필요가 있다고 결정했다. 그래서 그들은 테이블들을 갖다 놓았고 회개하기 위해서 오는 사람들에게 큼지막한 스티커를 한 장씩 나누어주었다.

그 큼지막한 스티커에는 당사자의 이름과 주된 죄의 항목을 적었다.

밥은 테이블위로 걸어간다. 사무원이 그의 이름을 스티커 위에 적은 뒤 묻는다. "밥, 당신의 가장 끔찍한 죄악은 무엇입니까?"

"저는 회사 공금을 횡령했습니다."

그 사람은 테이블에서 펜을 가져다가 두꺼운 글씨체로 횡령자라고 쓴 뒤 그 스티커를 밥의 가슴에 붙여준다.

다음 사람이 책상 앞으로 나아온다. "이름은요?"

"메리입니다"

"메리, 뭐가 당신의 죄입니까?"

"저는 어떤 사람을 뒤에서 험담했습니다. 많이 한 것은 아니구요, 하지만 저는 그 사람을 싫어했습니다."

사무원은 메리-험담꾼이라고 적고서는 그 스티커를 그녀에게 붙여준다.

다른 남자가 책상 앞으로 걸어나온다. "이름은요?"

"조지입니다"

"조지, 당신의 가장 나쁜 죄는 뭡니까?"

"저는 이웃의 물건을 가지면 얼마나 좋을까 생각해 왔습니다."

조지-이웃의 물건을 탐한 사람.

또 다른 사람이 테이블로 나아온다. "당신 이름은 무엇인가요?"

"고든입니다"

"당신의 죄는 무엇인가요?"

"저는 간음을 했습니다."

사무원은 고든-간음자라고 쓰고서 그 스티커를 가슴에 붙여준다.

이내 그리스도가 세례를 받으시고자 나오신다. 그분은 세례 받기 위해 줄서 있는 사람들을 주욱 따라 내려오시면서 그들에게 어떤 죄명의 스티커를 붙이고 있는지 물어보신다. 한 사람 한 사람, 주님은 그들의 스티커를 떼시고서는 그 스티커들을 그분 자신의 몸에다가 붙이신다. 주님은 요한에게 가셔서 세례를 받으신다. 그리고 강물은 주님이 자신 몸에 붙이셨던 그 스티커에 기록된 각 사람의 이름들을 지워버린다.

고든이 이 이야기를 할 때, 설교를 듣던 모든 사람들은 생각 속에서 자기 자신의 이름과 자신의 죄를 쓰고서는 그 스티커를 자기 가슴에 붙였다. 이 예화는 구체적인 것이었지만 보편적인 감정들을 어루

만져 주었다.

대부분의 사람들이 자기 자신의 것으로 삼을 수 있는 그런 이미지와 이야기들을 사용하기 위해서, 나는 종종 종이위에 "아이디어 네트웍"을 쓰곤 한다. 가령 예를 들어 가정에 관해서 이야기하고 있다면, 나는 종이 한가운데에 가정이라고 쓰고 그 단어에 동그라미를 친 뒤, 이 단어 주변에 내 마음에 떠오르는 관련된 단어와 개념들을 써넣는다. "홈 스위트 홈", "우리집에 오신 것을 환영합니다.", "당신이 집에 돌아와서 참 좋군요", "위기의 가정", "크리스마스를 보내러 집으로", "도난 당한 가정".

이런 관련 내용들은 다른 관련어들과 기억들에 영감을 준다. 어떤 관련어들은 개인적인 것들이고 어떤 것들은 문화적인 것들이다. 내가 하고 있는 일은 가정과 관련되어 있는 우리 문화의 이미지와 표현들을 깊이 파들어 가는 것이다. 이렇게 하다보면 어느 국면에선가 나는 좀 더 많은 사람들에게 호소력을 가질 수 있는 한두 가지 이미지들이나 이야기들을 얻게 된다.

설교를 듣는 성도들의 입장에 서기

나는 사람들에게, 내가 그들을 존경하며 내가 그들 편에 서 있다는 것을 보여줄 수 있는 일이라면 뭐든 하려고 애쓴다. 이것은 모든 사람들을 위한 존재가 되기위해 노력하는 또 다른 방법이다.

예를 들어서, 나는 설교를 하면서 대화체적인 톤을 사용하려고 한다. 우리 문화에서는 많은 사람들이 권위주의적인 강연을 불쾌하게 생각한다. 이런 방식은 현대인들이 설교를 경멸적인 의미로 이야기 할 때(나한테 설교하지 마세요~!) 사용하는 스타일이다. 현대인들은 이런 설교 방식을 거만하거나 답답하다고 생각한다.

나는 또한 공감을 표현하기 위해 노력한다. 내가 말라기에서 "하나님은 이혼을 미워하신다."라는 구절을 인용할 때, 성도들 중에는 이미 이혼한 사람들도 있으며 그들이 하나님과 로빈슨은 우리를 싫어한다고 느낄 수 있다는 것을 안다. 그래서 나는 그 구절에 뒤이어서 "여러분 가운데서 이혼하신 분들은 그 누구보다도 더 잘 아실 것입니다. 여러분은 하나님이 왜 이혼을 미워하시는지를 잘 압니다. 하나님이 이혼한 사람들을 미워하시기 때문이 아니라, 이혼이 사람들에게 저지르는 일 때문입니다. 여러분은 상처를 갖고 있습니다. 여러분의 자녀들도 그 상처를 갖고 있습니다. 여러분은 이혼이 어떤 일을 저지르는지에 대해서 증언할 수 있습니다. 하나님은 여러분을 사랑하시기 때문에 이혼을 미워하십니다." 이렇게 덧붙일 것이다.

당신이 성도들을 사랑하고 성도들을 공감한다는 것을 청중들이 안다면, 그들은 당신이 격한 주제에 대해 말하게끔 허용할 것이다. 대부분의 사람들은 그저 당신이 성도들을 잘 인식하고 있기를, 그리고 그들을 무시하거나 옆으로 제쳐 두지 않기를 요구하고 있다.

내가 성도들에게 그들 편에 서 있다는 것을 이야기해 주는 또 다른 방법은, 용어를 조심스럽게 사용하는 것을 통해서이다. 설령 당신이 당신 자신에 대해 어떤 한 방향으로도 치우친 성향을 갖고 있지 않다고 확신한다 하더라도, 당신이 쓰는 용어나 표현들이 성도들을 공격하는 모습을 갖는다면 설교를 듣는 사람들은 당신이 편협하다고 생각할 수도 있다.

나는 성별을 나타내는 언어를 사용하고자 노력한다. 만약 내가 어떤 의사에 관해 이야기하고자 한다면, 나는 이렇게 말할 것이다. "어떤 외과의사가 수술실에 서 있습니다. 그 여의사는 그녀 손에 수술칼을 잡고 있습니다……." 나는 의도적으로 그 남자라는 표현이 아니라 전략적인 지점에서 여의사라는 표현을 사용한다.

나는 또한 대변인spokesman(남자라는 단어가 마지막에 붙어있다—옮긴이)이라는 표현보다는 대변하는 사람(spokesperson—단어 마지막 부분에 man이 아니라 person이 붙어있다)이라는 단어를 사용한다. 또한 항상 "그는"이라고 말하기보다는 "그는 혹은 그녀는"이라는 표현을 사용 한다. 때로는 "그는"이라는 표현을, 다른 때에는 "그녀는"이라는 표현을 사용한다(이 책에서도 많은 부분에서 '사람'이라는 표현을 사용하지 않고 '그는 혹은 그녀'이라는 식으로 표현했다—옮긴이). 몇 안 되는 소수의 여성대명사들조차도 설교 안에서는 차이를 만들어 낸다(극단적인 실험이 있다. 당신이 반드시 남성형 인칭대명사를 써야하는 경우를 제외하고는 설교 내내 항상 그녀라는 표현을 사용해 보라. 당신은 얼마나 많은 설교가 남성적인 취향을 갖고 있는지를 금방 발견하게 될 것이다).

나는 소수 집단들에 대해서 그들이 원하는 방식대로 그들을 불러준다. 이는 매우 단순한 예의이다. 만약 누군가의 이름이 찰스Charles

라면, 그리고 그가 찰리^{Charlie}나 혹은 척^{Chuck}이라고 불려지는 것을 좋아하지 않는다면, 나는 그를 찰스라고 불러줘야 할 의무가 있다. 나는 니그로^{Negroes}라는 말을 사용했었는데, 그 뒤에는 블랙^{Blacks}이라는 말을 사용했다. 나는 최근의 설교에서는 아프로–아메리칸$^{Afro-American}$이라는 용어를 사용했는데, 얼마 후에 어떤 여자 성도가 친절하게 내 용어를 수정해 주었다. "아프리칸—아메리칸$^{African-American}$이라고 해야 한답니다"

진리를 타협하지 않는 것

물론 우리의 어떤 피나는 노력을 해도 우리는 여전히 사람들의 감정을 상하게 할 것이다. 때때로 강단에서 사과해야 할 때가 있다. "지난 주의 설교에서 제가 사용한 유머가 별로 좋지 못했습니다. 저는 상처가 될 만한 말들로 과체중인 분들을 묘사했습니다. 죄송합니다. 종종 제가 뜻하지 않는 말들을 하곤 합니다. 제게 그런 내용들을 지적해 주셔서 감사합니다. 이해해 주시기 바랍니다."

그레이스 채플$^{Grace\ Chapel}$에서 설교할 때, 나는 일주일에 적어도 한 통 이상씩 설교에 대해 반응하는 편지들을 받곤 했다. 누군가가 내게 편지를 보내 주면, 항상 답장을 써 주곤 했다. 어떤 분들은 매우 사려 깊은 편지들을 보내 주셨기에, 나는 그분들께 사려 깊은 반응으로 보답했다. 때때로 그 내용들은 끔찍할 정도로 정확했다. 그 편지들은 나의 편견을 지적해 주었고, 나는 그 내용을 인정해야만 했다.

때때로 당신은 아무 잘못이 없음에도 불구하고 신랄한 내용을 담은 편지를 받곤 한다. 당신이 말할 수 있는 최상의 표현은 이것 뿐이다. "편지를 보내 주셔서 감사합니다. 제가 당신 마음을 상하게 했다니 죄송합니다. 저는 성경의 위대한 진리를 전달하고자 했을 뿐이었는데, 그 내용이 잘 전달되지 못했군요. 죄송합니다."

그러나 우리가 상처를 주지 않고자 하는 것에 지나치게 집착하거나 혹은 상처 받은 사람들로부터 오는 편지들을 너무 많이 읽는다면, 우린 아무것도 못할지도 모른다. 그러면 미사여구로 설교를 시작하여, 방어적이고, 조심스러우며 뼈대가 없는 애매모호한 말들로 설교를 마무리할 것이다.

그렇다. 물론 크리스마스가 어떤 사람들에게는 일 년 중에 가장 기운 빠지고 낙담되는 시기일 수 있다는 것을 우린 인정할 필요가 있지만, 그렇다고 해서 그런 사실로 인해 교회 성도들로부터 기쁜 한때를 빼앗거나 없앨 수는 없다. 그렇다. 어머니의 날이 자녀가 없는 여성들에게는 특수한 고통을 느끼게 하고 우리도 그 사실을 인정할 수 있지만, 모든 사람들에게는 귀히 여겨야할 어머니가 있고 그래서 우리는 교회가 어머니들을 귀하게 받드는 일을 왜곡시켜서는 안 된다.

비록 지뢰들이 있다는 것을 알기는 하지만, 나는 강단에서 너무 초조해하거나, 방어적이 되거나, 혹은 적대적이 되지 않으려고 노력한다. 왜냐하면 그런 모습들은 그저 청중의 감정을 쉬 상하게 할 뿐이다. "당신은 그렇게 예민해서는 안 됩니다"라고 말하거나, 혹은 "이런 정치적인 말들을 이제 정말 지겹습니다." 이런 식으로 말하는 것은, 당신 자신에 대해서나 당신이 섬기는 성도들에게나 그 누구에게도 아무 유익이 되지 않는다.

아무리 예민한 문제라 하더라도 반드시 진리를 설교해야만 하는 때가 있다. 이때 우리는 그저 가벼운 판자 하나를 어깨에 올려놓는 정도가 아니라 무거운 짐을 마음에 지는 부담을 가지고서 그런 설교를 해야만 한다. 강단에서 내려올 각오로 설교하는 것보다 설교자에게 더 큰 도전은 없다.

우리가 모든 사람들을 위한 존재가 되어주고 모든 것을 주기 위해 노력할 때에는 건강한 불편함이 항상 있게 될 것이다. 이것은 성경적이지만, 우리로 까다로운 길을 가게 한다. 우리는 가능한 한 호소력 있게 전달하기를 원하지만, 메시지를 타협하는 대가를 지불해서는 안 된다. 이런 미묘한 문제를 잘 감당할 때, 우리는 무엇과도 비교할 수 없는 경험을 하게 될 것이다. 다양한 삶의 배경 속에서 나온 다양한 관심사를 가진 다양한 사람들 모두가 매우 주의 깊게 복음을 듣는 경험을 말이다.

생각해 봐야 할 질문들

1. 설교할 때 우리에게 가장 자연스럽고 당연한 것을 희생한다는 것은 무엇을 의미하는가?
2. 어떻게 특정한 청중을 겨냥하는 방법은 무엇인가?
3. 예화들은 설교가 청중들에게 다가서게끔 하는 데 있어서 어떤 역할을 하는가?
4. 설교자는 설교 준비를 할 때, 어떻게 설교를 듣는 성도들 편에 설 수 있는가?
5. 당신은 다음 번 설교를 할 때 성도들의 가려운 곳을 어떻게 긁어 줄 것인가?

참고도서

Berkley, James D., ed. *Preaching to Convince*. Leadership Library Volume B: Word, 1986.

Chapell, Bryan. *Using Illustrations to Preach with Power*: Zondervan, 1992.

Flynn, Leslie B. *Come Alive with Illustrations: How to Find, Use, and File Good Stories for Sermons and Speeches*: Baker, 1987.

Miller, Calvin. *Spirit, Word, and Story: A Philosophy of Marketplace Preaching*: Baker, 1996.

Read, David H. C. *Preaching About the Needs of Real People*: Westminster, 1988.

11. 설교를 듣는 성도들을 듣는 것

"당신은 설교에 대해 어떻게 생각하십니까?" 목회발전연구소 Institute for Advanced Pastoral Studies의 교회에 가는 사람들을 대상으로 한 설문에서 다음과 같은 답들이 나왔다.

"분석은 많고 대답은 적다."

"세상살이와 관련 없는 인간과 동떨어진 딱딱한 명제들만 가득하다."

"대부분의 설교들은 호버크래프트랑 비슷하다. 뜨거운 공기를 분출해서 물위를 날아다니지만 어디에도 착륙하지 않는다. (호버크래프트hovercrafts는 상품명으로 공기를 분출해서 물 위를 날아다니는 기구—옮긴이)"

때때로 설교가 "청중을 잠들게 하는 멋진 기술"이라는 조롱 당하는 것도 그다지 놀라운 일이 아니다. 커뮤니케이션 전문가들은 설교에 대해서 "종교적인 독백"이라고 평가절하 하기도 한다. 커뮤니케이션은 양방향일 때 최상으로 흐를 수 있는데, 설교는 오직 한 방향으로만 전개된다는 것이 그들의 주장이다. 그리고 설교를 듣는 성도들은 의심, 반대, 의견을 표현할 수 없기 때문에, 많은 설교들이 성도들을 그저 막다른 골목에 이끌어 가기도 한다.

설교에 대한 두 번째 지적은, 대부분의 사역자들이 과도하게 전달한다는 것이다. 설교자들은 이전에 전달했던 내용들이 미처 소화되고 흡수되기도 전에 성도들에게 새로운 개념들과 의무들을 부과한다. 내용은 계속해서 물밀듯이 밀려들어 오지만 설교를 듣는 사람들은 설교의 컨베이어의 벨트를 멈추지 못하고 듣기를 포기해 버린다.

이런 독백과 같은 설교는 거의 모든 설교자가 안고 있는 타고난 질병이다. 그래도 몇 해 전에는 대화 설교들이 대유행이었지만, 지금은 개인 무선 라디오CB radio가 간 길을 따라 사라져 버렸다. 더군다나, 내용을 제일 중요시하는 곳인 신학교에서 교육 받은 사람들은 '텅빈 단지의 오류' empty-jug fallacy를 범한다. 어떤 개념들을 누군가의 머리에 집어넣는 것은 단지에 물을 채우는 것과 비슷하다.

설교자들은 많은 시간들을 투자하여 책과 주석들 그리고 오래된 고전들에서 물을 길어오지만, 가치 있는 자료들을 모으기 위해 사람들과 시간을 보내는 것에 대해서는 거의 생각하지 않는다. 설교자들은 종종 재능, 지식 그리고 불같은 열정을 갖고 있지만, 그들의 설교들은 책을 설명하는 "메뉴얼"처럼 들린다. '텅빈 단지의 오류'는 다음처럼 요약할 수 있다.

> 안으로 밀어 넣어라, 안으로 쑤셔 넣어라.
> 사람들의 머리는 텅 비어 있다.
> 안으로 가져가라, 안으로 집어넣어라.
> 뒤이어 집어넣을 것들이 아직 더 있다.

  머리는 열려 있는 것도 아니고 텅비어 있는 것도 아니다. 머리에는 뚜껑이 있고, 단단하게 잠겨져 있어서 아무리 쏟아 부어도 생각들을 안으로 집어넣을 수 없다. 지성은 오직 그 지성의 소유자들이 문을 열 필요가 있다고 느낄 때에만 그 문을 연다. 설사 그렇게 열린다 하더라도 생각과 개념들은 경험, 습관, 편견, 두려움 그리고 의심의 막들을 통해 걸러져야만 한다. 만약 생각이나 개념들이 이 모든 것들을 잘 통과하고 받아들여진다면, 그건 피드백이 화자와 듣는 사람 사이에서 제 역할을 해주기 때문이다.

  최근 들어서, 자동차 제조회사들은 운전자의 습관들이 연료 소비에 어떤 영향을 끼치는지를 알려 주는 연료효율성 게이지를 장착한 몇몇 자동차 모델들을 생산해 내기 시작했다. 운전자가 가속 페달을 급하고 강하게 밟을 때마다, 이 게이지의 바늘은 급속하게 떨어진다. 당신이 부드럽게 운전할 때마다, 이 눈금은 올라간다. 이런 피드백은 낭비를 불러일으키는 행동을 정확하게 찾아내고 알려주는 데 매우 신속한 도움을 준다.

  설교는 마치 피드백이 전혀 없는 상황인 것처럼, 아무런 대답이 없는 독백인 것처럼 보인다. 설교는 그렇게 되어서는 안 된다. 설교를 독백으로 끄는 힘은 깨트릴 수 있다. 사실 의미심장하고 중요한 설교는 대화를 포함하기 때문이다. 탁월한 설교자들은 눈과 귀가 입을 움직이도록 허용한다. 그들은 강단에 서 있을 때, 설교자가 지금 어떻게 하고 있는지를 알려주는 성도들의 반응에 민감하다. 설교자들은 설교를 준비하면서, 내용만이 아니라 설교를 듣는 사람들에 대해서도 연구해야 한다. 말로 표현되고 표현되지 않는 모든 질문들에 대해 귀기울이면서 말이다. 설교를 마친 후에, 설교자들은 자신들이 어떻게 설교를 했는지를 알아보기 위해 주의 깊게 귀 기울여 이야기를 들어야 한다.

피드백(Feedback)의 중요성

대부분의 사람들은 설교를 하는 동안에 중요한 피드백이 일어난다는 사실을 잘 깨닫지 못한다. 설교를 듣는 것은 전형적인 주말 스포츠 관람처럼 그저 수동적인 것으로 보인다.—전형적인 주일 관람 스포츠. 그러나 커뮤니케이션을 능력있게 수행하는 사람들은 청중의 눈을 통해서 말을 듣는다. 그들은 듣는 사람들이 이해했거나, 긍정하거나, 의문을 제기하거나 혹은 혼란을 겪을 때, 그들만의 표현들과 자세를 사용해 이를 보여 준다는 것을 알고 있다. 사람들은 고개를 끄덕이며 동의하고, 웃고, 그들의 시계를 바라보고, 혹은 자리에서 이리저리 움직이기도 한다. 훌륭한 교회가 피드백을 통해 탁월한 설교자를 만드는 것만큼 탁월한 설교자가 훌륭한 교회를 만드는 일은 자주 일어나지는 않는다. 이런 위대한 교회의 성도들은 자기 교회의 설교자들에게 홈 라운드의 이점를 제공한다. 설교자들이 말해야만 하는 내용들을 능동적으로 경청해 주는 것을 통해서 말이다.

하지만 피드백은 설교가 아직 진행될 때 시작된다. 이 점에서 목회자들은 다른 강연자보다 유리한데, 목회자들은 설교를 듣는 성도 구성원들과 날마다 상호적용을 하기 때문이다. 그러나 이런 유리한 측면은 자동적으로 주어지는 것이 아니다. 이런 유익을 누리기 위해서, 설교자들은 반드시 성도들에게 귀 기울여 들어야만 한다. 그들이 묻는 질문에 대해서 그리고 그들이 추구하는 대답들에 대해서 말이다. 설교자들은 만드시 관찰해야만 한다. 필요들(표현하든 혹은 표현하지 않든, 허락하든 혹은 거부하든 간에), 관계성(개인적인, 가족적인, 공동체적인), 경험들, 태도들, 그리고 관심들에 대해서. 설교자들이 관찰하는 내용을 메모 형식으로 매일 적어두는 것은 지나간 일들에 대한 기억을 붙잡아 두게 해줄 것이다.

이 메모는 성경에서 얻는 메시지에 접근하거나 혹은 설교 재료들에 색깔을 덧입혀 주고 모양을 형성하는 역할을 해준다. 성경 본문에서 진리를 취하라. 그리고 그 설교자로 하여금 매일의 삶 속에서 25개의 예화들을 발견하게끔 하라. 그러면 그 설교자는 이 세상과 일반 시민들이 자신에게 얼마나 많은 이야기 거리들을 갖고 있는지를 발견하게 될 것이다.

설교자는 성도들 혹은 좀 더 폭넓은 공동체와의 대화에 좀 더 집중해야 한다. 오늘날 대두되는 질문들에 좀 더 예민하게 반응하기 위해서, 국제적으로 잘 알려진 영국 사역자인 존 스토트John Stott는 다달이 만나는 독서 그룹에 참여했다. 이 모임에서는 세간의 주목받는 책들의 주제와 적용점들을 기독교적인 관점에서 살펴본다. 때때로 이 모임의 회원들은 영화나 연극을 함께 관람하기도 하고 그런 뒤 교회에 돌아가서 자신들이 관람한 내용에 대해 토론도 한다.

스토트는 현시대의 이슈들에 대해 설교하려고 그 이슈와 문제를 개인적인 차원에서 가르쳐 줄 수 있는 전문가 그룹을 임시적으로 구성기도 했다. 때로는 이런 모임에 적극적이고 능동적으로 참여하기도 하고, 어떤 경우에는 사람들이 서로 다른 관점을 나눌 때, 그저 앉아서 조용히 듣기만 하기도 했다. 흥미로운 대화의 결과물인 스토트의 설교는 성경적으로도 탄탄한 것과 동시에 다음 주 시사 잡지만큼이나 참신하다.

좀 더 작은 교회의 목회자들이 이런 식의 그룹이나 모임을 형성하는 것은 큰 도시나 혹은 근교에 자리 잡은 교회들에서 좀 더 용이한 것 아니냐고 반박할 수 있다. 그러나 지방에 위치한 교회나 심지어 도시 빈민 지역에 자리 잡은 공동체들에서도, 목회자들이 실제적으로 이런 문제들과 씨름하고 있으며. 또한 많은 사람들은 현재의 삶과 관련된 문제들에 관해 사역자와 대화하고 토론하는 기회를 가지는 것을 환영할 것이다.

교회는 그 규모가 크든지 작든지 피드백을 공급하는 시스템을 구축할 수 있다. 아이오와에 있는 어떤 교회는 다음 주일 오전에 설교할 내용을 미리 주중에 모여 성경 공부를 하는데 이를 계기로 설교가 독백에서 대화로 바뀌었다. 목회자는 본문을 설명하는 데 필요한 자료들을 제공하고, 사람들은 작은 소그룹들로 나뉘어서 그들 스스로 본문의 의미와 함축성을 좀 더 깊이 탐색한다. 이런 만남을 통해서, 목회자는 자신이 주일에 설교해야 하는 용어들, 개념들, 이슈들에 초점을 맞추며, 또 다른 유익으로 주일 설교에 필요한 예화들이나 적용점들도 종종 발견하곤 한다. 놀랍게도 모든 사람들은 설교 본문을 이처럼 먼저 연구하고 공부하는 것이 설교에 대한 관심을 감소시키기보다는 강화하고 더 높여준다는 점에 동의한다. 이들 성도들은 성경 본문 내용에 대해서 깨닫게 되며, 그들은 설교자가 어떻게 그 내용을 다룰 것인지에 대해 호기심을 갖게 된다.

오레곤에 있는 작은 교회의 목회자 한 분은 교회의 제직들과 더불어 매주 목요일 아침에 식사를 같이 하면서 자신의 설교를 검토한다. 여기에 참석한 모든 사람들은 본문을 우선 읽고, 목회자는 자신의 설교 내용의 대략적인 윤곽을 잠깐동안 설명한다. 그 이후에 논의를 진행해 나가는 동안, 각각의 사람들은 성경 본문이 무얼 말하고 있으며 그 내용이 교회와 성도들에게 어떤 의미를 가지는가에 관해 서로 나눈다. 목회자는 설교를 준비하는 동안 혼자서만 틀어박혀 있어서는 안된다. 대신 그는 그리스도의 지체인 다른 성도들의 경험과 통찰력들을 통해 유익을 누릴 수 있어야 한다.

설교 연습

설교를 큰 소리로 다시 들어보는 것 역시 피드백을 얻을 수 있는 좋은 기회를 제공해 준다. 존 웨슬리John Wesley는 교육을 받지 않은 어린 하녀에게 자기 설교 중 몇 개를 다음 지침을 주고서 읽어 주었다. "만약 내가 사용한 단어나 표현 중에서 네가 이해할 수 없는 부분이 있으면, 그땐 내가 읽는 것을 중단시켜 주렴." 이런 연습을 통해서, 그가 많은 교육을 받았다고 할지라도 광부들과 상인들의 언어를 배우고 발전시켰다. 많은 설교자들은 웨슬리를 통해 지침을 얻어 왔다. 어떤 설교자들은 자기 아내와 함께 설교 연습을 하다가 결혼 생활에 어려움을 당하기도 했다. 하지만 설교자의 아내는 "좋을 때나 싫을 때나" 설교와 결혼해서 항상 살아가기 때문에, 그들의 건설적인 비평을 통해서 설교의 좋지 못한 부정적인 면들을 개선시킬 수 있다. 내가 덴버신학교에 있을 때, 배우자의 설교가 나아지는 것을 돕도록 준비시키는 강좌가 있었다. 용기가 잘 나지 않는 목회자나 혹은 좀 더 연약한 관계의 부부들은— 닫힌 공간에서나 혹은 설교를 들어줄 시간을 내줄 수 있는 좋은 친구와 더불어 설교를 예행연습 할 수도 있을 것이다.

사람들은 주일에 예배당에서 줄지어 나오면서, 판에 박은 인사말을 중얼거린다. "목사님 오늘 설교가 참 좋았습니다." 혹은 "오늘 은혜 많이 받았습니다." 이런 반응들은 좋은 반응들이기는 하지만, 사실 이런 말들은 문을 지켜 서 있는 사역자를 어떻게든 지나가기 위한 코드 워드code words(완곡한 표현이지만 공격적 의도나 의미를 숨긴 표현)에 불과할 때가 있다. 설교자들은 설교를 마친 이후에 자신의 설교가 과연 목표를 정확하게 성취했는지를 판단해 볼 수 있는 그런 프로그램을 구성할 필요가 있다. 텍사스의 달라스에 있는 오크 클리프 바이블 펠로우십교회에서는 예배의 마지막 15분 동안 질의 응답 시간을 갖는다. 물론 질문이 많이 나오는 설교도 있다. 질문이 별로 없을 때에 성도들은 그날의 설교가 자신들의 삶에 어떤 의미를 주었는지에 관해 이야기를 나눈다. 질문들과 간증 이 두 가지는 성도들에게 유익을 줄 뿐만 아니라, 목회자에게도 즉각적인 정보를 제공한다.

루엘 하우Reuel Howe에 의하면, 피드백 시간은 목회자가 자리에 없을 경우에 좀 더 생산적이 된다고 한다. 그의 책 『설교의 파트너』 Patners in Preaching에서, 하우는 십대를 포함해서 여섯에서 일곱 명 정도의 일반 성도들을 초청하고, 그들로 하여금 교회 예배 이후에 리액션 그룹에 참여하게 할 것을 제안한다. 목회자는 참석하지 않지만, 대화 내용은 녹음된다. 녹음 테이프가 다 사용되면, 그 시간은 끝난다. 목회자는 주중 후반쯤에 녹음된 내용과 코멘트들을 듣는다. 이런 리액션 그룹에서는 몇 가지 질문들을 내용으로 대화를 한다.

1. 오늘 설교는 당신에게 무엇을 이야기했는가?
2. 당신이 생각하기에 오늘 설교가 당신의 삶에 무언가 변화를 가져왔다면 어떤 변화를 가져왔는가?
3. 설교자가 사용한 도구, 언어, 예화등은 어떠했는가? 그리고 설

교의 전달 방식은 당신이 성경의 메시지를 듣는 것을 도와주었는가 아니면 방해했는가?
4. 설교 내용 중 동의할 수 없는 부분이 있는가? 오늘의 설교 주제에 대해 주변 사람들에게 뭐라고 이야기했는가?

일반 성도들에게 이런 기회들은 매우 고무적이다. 사실 이런 기회들을 통해서 성도들 중 많은 사람들은 좋은 설교가 무엇인지에 대해서 좀 더 분명한 개념을 갖게 되고 설교를 듣는 것에 대해 좀 더 날카롭게 인식하는 법을 배운다. 만약 목회자가 주의 깊게 듣는다면, 그는 자신의 성도들이 어떻게 반응했는지, 그들이 무엇을 들었고 무엇을 듣지 않았는지, 무엇을 그들이 이해했고 혹은 이해하지 못했는지를 발견할 수 있다.

여하튼, 피드백은 커뮤니케이션에 원기를 불어넣어준다. 피드백이 없다면, 설교는 삶을 거의 터치하지 못한다.

기독교의 역사가 오래되지 않았을 때, 기독교인들은 성찬과 교제를 위해 함께 식사하는 공동 식사 자리에 참여했다. 그때 어떤 교사가 성경 본문에 관해 설명했을 때, 듣고 있던 사람들은 질문을 하거나 보충 설명을 하기도 했다. 피드백이 이처럼 활발하게 이루어졌기에 바울과 같은 신약 성경의 저자들은 효과적인 의사소통을 위한 규칙들을 제시하기도 했다. 그러나 시간이 지나면서, 기독교가 그리스 로마의 수사법의 영향을 받으면서 웅변술이 대화를 대체했고, 대화는 독백이 되어 버렸다.

근대 교회는 오늘날 현대 교회가 반드시 재발견해야만 하는 모습을 갖고 있었다. 우리가 (성도들에게가 아니라) 성도들과 더불어 이야기하고자 하는 태도를 가질 때, 하나님의 진리는 생명력 있고 효과적으로 전달될 것이다.

> 이 땅 위에 계속되고 있는
> 교회의 존재보다도
> 하나님의 끝없는 긍휼에 대해
> 그 무엇도 내게 더 이상 분명한 확신을 줄 수 없다네.
>
> 애니 딜라드 Annie Dillard

생각해 봐야 할 질문들

1. 피드백의 역할은 무엇인가?
2. 당신은 성도들의 이야기를 좀 더 잘 듣는 사람이 되기 위해 무엇을 할 수 있는가?
3. 설교 준비를 하는 동안 자신에게 물어 볼 수 있을까?
4. 설교자는 잘 들음으로써 무엇을 얻을 수 있는가?

참고도서

Craddock, Fred B. *Preaching* : Abingdon, 1985.

Farra, Harry. *The Sermon Doctor: Prescriptions for Successful Preaching* : Baker, 1989.

Galli, Mark, and Craig Brian Larson. *Preaching that Connects* : Zondervan, 1994.

Howe, Reuel. *Partners in Preaching:L Clergy and Laity in Dialogue* : Seabury, 1967.

Loscalzo, Craig A. *Preaching Sermons that Connect: Effective Communication Through Identification* : IVP, 1992.

12. 돈에 대한 설교 센스

뉴욕의 한 광고 회사가 몇 해 전에 교회에 다니지 않는 사람들을 대상으로 조사했던 적이 있었다. 이 조사에서는 그들이 교회에 대해 어떤 인상을 갖고 있는지를 물어보았다. 응답자들이 대답했다, "교회의 문제는 말이죠, 사람들이 항상 슬프거나, 아니면 죽음에 대해서 이야기하거나, 그것도 아니면 돈을 요구한다는 점입니다."

두드러지게 나타나는 이런 태도 때문에, 오늘날 많은 교회들은 좀 더 낙관적인 이야기를 하고, 죽음에 대해서 많이 말하지 않고, 돈이라는 주제에 대해서 거의 건드리지 않는다.

물론 우리가 돈이라는 주제에 대해 이야기하는 것을 꺼리는 유일한 이유가, 효과적으로 복음전도를 하기 위해서만은 아니다.

교회 안팎의 많은 사람들은 돈이 불결한 것이라고 생각한다. 어떤 한 성도는 내게 자기 교회 목사님은 십 년 동안 강단에서 설교하셨지만 단 한 번도 돈에 대해서 설교하신 적이 없었고 그럼에도 교회가 재정적으로 좋았다고 자랑스럽게 이야기했다. 이 이야기는 만약 설교자가 돈에 대해서 아무 이야기도 하지 않고서 잘 지나갈 수만 있다면, 그게 가장 좋은 방법인 것처럼 느끼게 한다.

마지막으로, 돈이라는 주제에 대해 설교 가운을 입은 채 관심을 갖고 이야기하면 성도들은 마치 우리가 개인적으로 무언가 혜택을 보는 것인 양 생각하지 않을까 하는 그런 신경과민이 우리에게 여전히 존재한다.

내가 생각하기에는, 결국 지금 자라나는 세대가 물질을 드리는 것에 대해 도전 받지 않고 있는 것이 이런 결과로 나타나는 것이 아닐까 싶다. 통계 조사는, 40퍼센트 이하의 사람들이 수입의 단 2퍼센트 정도만을 자선을 위해 기부한다는 것을 보여 준다. 만약 당신이 교회에서 성장한 50세 이상의 사람들에게 "기독교인이 무엇을 드려야 하는가?"라고 질문한다면, 그들은 "십일조"라고 대답할 것이다. 이런 대답을 젊은 세대들로부터 얻는 것은 쉽지 않다. 그들이 십일조에 대해 동의하건 혹은 그렇지 않건 간에, 그들은 물질을 드리는 것에 대해서 교육 받지 않았다. 젊은 세대의 많은 사람들은 교회 내에서 물질을 드리는 것에 대해 마치 입장료를 내는 것처럼 간주 한다. 하키 경기를 보려면 15달러를, 영화를 보려면 6달러를 내야하고, 그리고 이번 예배는 내겐 10달러 정도의 가치가 있다. 물질을 드리는 것은 신학적인 문제이고 기독교 신앙을 표현하는 중요한 방법이라는 생각은 별로 인기가 없는 생각이기 때문에, 대부분 사라져 버렸다.

우리가 어떻게 해야 성도들이 구제 사역을 다시 회복할 수 있을까? 우리는 어떻게 돈에 관해서 신실하게 그리고 유쾌하게 이야기할 수 있을까? 나는 수 년 동안 이런 문제에 대해서 씨름해 왔다. 돈이라는 주제를 제기함에 있어서 어떻게 해야 하는지에 관해 그리고 어떻게 하면 안되는지에 관해, 내가 배워온 내용들을 제시하고자 한다.

미묘한 유혹들

첫 번째로, 나는 물질을 드리는 것과 관련된 메시지를 준비할 때마다 미묘한 유혹들과 직면한다는 것을 깨닫는다. 내가 피하고자 하는 덫으로는 다음 4가지가 있다.

- **동기부여를 하기 위해 무의식적으로 죄책감을 이용하지 말라.** 신약 성경에서 물질을 드리는 동기는 은혜이다. 물질을 드리는 것은 하나님이 우리에게 베푸신 인애함에 대한 반응으로 나오는 경배의 행동이다. 바울은 하나님이 여러분을 번성케하셨으므로 여러분은 드려야 한다고 이야기한다. 만약 하나님이 우리에게 주신 것들을 진정으로 헤아린다면, 우리의 헌금 속에는 진실함이 깃들게 될 것이다.

그러나 우리는 설교를 하면서, 종종 해야만 한다는 당위를 지나치게 강조한다. "하나님이 당신에게 주신 것들이기 때문에, 당신은 더 많은 것을 드려야만 합니다. 당신은 10퍼센트를 드려야만 합니다." 혹은 우리는 비교를 통해서 정죄하는 마음을 품게하곤 한다. "당신이 살고 있는 집을 한번 보세요. 당신이 타고 다니는 차를 한번 보세요.

당신이 입고 있는 옷을 한번 보세요. 그런 뒤 이 세상에 널려있는 수많은 궁핍한 사람들, 굶주린 사람들을 보세요." 이런 대조들은 분명 거대한 것이기는 하지만, 우리가 주의를 기울이지 않으면 이런 비교들은 감사보다는 그저 죄의식만을 만들어 낸다. 물질을 드리는 것에 있어서는, 감사하는 마음은 건강한 성경적인 자극제이다.

• 물질을 드리는 사람은 무언가를 보상 받는다는 것이 성경의 약속이라고 명확하게 규정하지 말라. 고린도후서 8장과 9장은 돈과 관련된 정황 속에서 매우 분명하게 "많이 뿌린자가 많이 거둔다."라고 가르친다. 하나님은 기쁨으로 드리는 자를 축복하신다. 개인적인 측면에서 이야기하자면, 아내와 내가 기독교 신앙에 대한 경험적인 증거를 목록으로 만든다면, 부활이 그 안에 들어 있을 것이고 또한 물질을 드리는 것도 마찬가지로 그 안에 들어갈 것이다. 우리는 여지껏 계속 반복적으로 놀라운 경험들을 해왔다. 우리가 고통스러워 하며 물질을 드렸을 때 하나님은 전혀 기대하지 않았던 방식으로 이후에 우리에게 채워주셨기 때문이다.

그러나 우리는 동기부여를 위해 이런 경우를 사용할 때 반드시 인식해야할 것은 하나님 앞에 물질을 드리는 것을 결코 하나님과 사업적인 흥정을 하는 것으로 만들어서는 안 된다는 것이다. 20퍼센트를 다시 되돌려 받기 위해 10퍼센트를 드리는 것은, 복음의 정신에 정면으로 위배된다. 누구든지 자신의 돈이 두 배가 되면 정말이지 기쁘겠지만, 영적인 원리는 그런 식으로 작동하는 것이 아니다. 이것은 주고받기 식이 아니다. 사회에서는, 당신이 미술관에 기부를 하면 당신

이름이 한쪽편에 새겨지게 되겠지만, 하나님의 가족에서는 하늘에 계신 아버지를 기쁘시게 하기 위해 물질을 드리는 것이다. 우리의 질문은 "내가 이것을 통해 무엇을 얻게 됩니까?"가 아니라, "이것을 통해 하나님이 무엇을 이루는가?"이다.

- 모든 것이 하나님에게 속해 있다는 것을 지나치게 강조하지 말라. 내가 갖고 있는 모든 것들이 하나님에게 속한 것이라는 사실은 틀림이 없다. 성경은 그렇게 가르친다. 그러나 만약 내가 주의를 기울이지 않는다면, 나는 이런 신학적인 진술을 통해서 마치 한 사람이 자신의 모든 소유와 수입을 몽땅 한 헌금통에 집어넣어야만 한다는 그런 의미를 만들어 낼 수도 있다. 나는 자신이 갖고 있는 모든 것을 계속적으로 하나님에게 몽땅 다 바칠 수 있는 그런 사람이 있다고 생각하지 않는다. 그러면 굶어 죽을 것이다. 그건 불가능한 윤리이다. 높이뛰기로 뛰어넘어야 할 장대는 5미터도 넘는 높이에 걸려 있고, 나는 그저 그 반만큼만 뛸 수 있다. 우리가 불가능한 꿈을 설교할 때, 사람들은 그런 설교를 진지하게 받아들이지 않는다.

- **돈이 필요할 때 돈에 중점을 두고 설교하지 말라.** 나는 건물을 세우기 위해 4백만 달러가 필요했던 교회에 대해서 알고 있다. 그 교회의 리더들은 교회를 위해 담보물을 제공했고 은행에서 돈을 빌려왔지만, 여전히 3백만 달러가 부족했다. 이런 부족한 금액은 매달 목회자에게 압력을 주었고, 그래서 그 목회자는 계속해서 성도들에게 돈에 대해서 이야기했다. 이 목사님의 설교는, "하나님이 우리에게 주시기 원하시는 만큼 성도 여러분이 물질을 드린다면, 우리 문제는

해결될 것입니다."라는 내용을 은근히 담고 있었다. 이런 종류의 압박은, 교회에 나온 성도들에게 매주 교회에 채권 독촉을 받기 위해 나온 것 같은 그런 느낌을 주었다. 궁극적으로는 돈에 대한 이런 식의 설교는 부작용을 일으킨다.

앞의 예는 극단적인 경우이긴 하지만, 원칙은 유효하다. 당신이 헌금 액수를 높이고자 노력하고 있을 때, 그리고 돈이 필요하기 때문에 돈에 관한 설교를 계속한다면, 성도들은 당신이 뭘 원하고 있는지를 알아차린다. 신학교 총장으로서 나는 돈을 요구하는 것이 얼마나 중요한지를 잘 이해했다. 그러나 돈이 필요할 때에 돈에 대해서 가르치는 것은 가르침이 아니라 압박이 되어버린다. 나는 설교를 들은 누군가가 "목사님이 돈에 관해서 이야기를 하셨지만, 목사님은 자신의 급박한 상황을 위해서 내게 돈을 구걸하고 있는 것은 아니었습니다."라고 이야기할 때 돈을 좀 더 모금할 수 있었다.

사람들의 필요와 연결하라

다행히도, 우리는 이런 유혹들 옆으로 비껴가서 확신을 가지고 앞으로 나아갈 수 있다. 제시된 몇몇 핵심적인 원칙들을 좇아서 말이다.

첫 번째는 커뮤니케이션에 대한 근본적인 개념에서 빌려온 것이다. 설교를 듣는 사람들의 필요성과 동일시하고 그에 관해서 말하라. 대부분의 설교자들은 매주일 이 일을 한다. 시간을 초월하는 성경의 진리들을 오늘날 현대의 필요와 연결하는 일을 한다. 그러나 돈에 관해서 설교해야 하는 때에는, 우리는 너무나 자주 이렇게 생각하곤 한다. 성도들은 돈에 관해서 정말로 듣고 싶어 하는 내용은 무엇일까? '그들은 좀 더 많은 헌금을 해야 한다고 말하는 것을 듣고 싶어 하지 않아. 물질을 드릴 필요가 있다는 건 아무도 느끼지 못하고 있는 필요성일 뿐이야.'

그러나 물질을 드리는 것은 인간의 두 가지 심각한 필요와 진정으로 연결된다. 나는 돈에 관해서 설교할 때 이런 필요성들을 강조하고자 노력한다.

1. 사람들은 자신이 희생하고 헌신할 가치가 있는 그 무언가를 필요로 한다. 나는 나 자신보다, 내 생명보다, 좀 더 위대한 삶의 이유를 어디에선가 찾아야만 한다. 만일 내가 중요한 무언가를 찾고자 한다면 말이다. 그리고 바로 그런 이유에 대한 헌신을 표현하는 한 가지 방법은 물질을 드리는 것이다. 당신이 물질을 드렸을 때, 당신은 실제적으로 당신 자신을 드린 것이다.

나는 예수님이 주일 아침 교회에 오신다면, 주님은 여전히 우리가 무엇을 드리는지를 보시고자 "헌금궤"를 대하고 앉으실 것이라고 생각한다. 우리 헌신을 측정한다는 면에서는, 우리의 지갑이 우리 찬송가를 능가한다. 만약 내가 한 사람의 2년 동안의 지출내역을 살펴볼 수 있다면, 나는 그 사람이 무얼 중요하게 생각하는지를 알 수 있다.

우리는 헌신할 필요가 절대적으로 있다. 그렇지 않다면, 우리는 지독한 무질서를 느끼게 된다. 우리는 우리 삶이 중요하지 않다는 느낌을 갖게 된다. 장대높이뛰기 선수인 밥 리차드Bob Richards는 올림픽 선수들에게 물어보곤 했다, "어떻게 고통을 다루시나요?" 그들은 결코 "무슨 고통?" 이렇게 반문하지 않았다. 그들은 성취를 위해 몸을 비트는 것이 승리가 주는 일정 부분의 스릴이라고 설명했다.

우리 삶이 주는 일정 부분의 전율은, 우리가 헌신해야할 이유를 발견하고 그것을 위해 철저하게 헌신할 때 온다.

2. 사람들은 감사를 표현할 방법이 필요하다. 누군가가 우리를 도와줄 때, 우리는 감사하다고 말하길 원하고, 그 사람에게 우리가 그 도움에 대해 얼마나 많이 생각하고 있는지를 표현하고 싶어 한다. 물질을 드리는 것은, 하나님의 은혜와 자비에 대해 감사를 표현할 수 있는 구체적이고 효과적인 방법이다. 바울은 "하나님이 너를 번성케 하셨으므로, 드리라"고 이야기한다. 우리가 던지는 질문은 "내가 이 클럽에 있으려면 돈을 얼마나 내야하나요?"가 아니며, "적당한 값이 얼마지요?"도 아니다. 우리의 질문은 "어떻게 감사를 표현해야 할까요?"이다. 물질을 드리는 것은 하나님에게 감사를 표현하는 완전하고도 적절한 수단이다.

내가 마음속에 이런 두 가지 필요들을 염두에 두고 돈에 대해 설교를 할 때, 나는 자유로울 수 있다. 이런 이유들을 염두에 두고 있으면, 나는 더 이상 성도들에게 그들이 원하지 않는 짐을 지우고 있는 것이 아니다. 그 대신에 나는, 성도들을 더 장기적인 목표에 동참시키고 하나님에게 감사를 표현하게 하여 성도들에게 해갈을 경험할 기회를 제공하는 것이다.

만약 내가 누군가에게 돈에 대한 새로운 사고방식을 전해 줄 수만 있다면, 나는 새사람을 세울 수 있을 것이다. 설교자로서, 그것이 나의 목표이다. 돈이 우리를 하나님과 어떻게 관련시키는지에 대해 새로운 마음을 심어주는 것. 나는, "이것이 이유입니다. 그리고 이것이 우리에게 필요합니다."라고 말할 때가 있지만, 그건 단기간의 목표이다. 나의 참된 목표, 장기적인 목표는, 돈에 대한 사람들의 사고방식을 바꾸는 것이고, 좋은 설교가 이 목표를 이루어 줄 것이다.

예를 들어서, 대부분의 부부들에게 있어서 첫 번째 중요한 논쟁거리는 돈에 관한 것이다. 이 점은 나와 내 아내에게도 마찬가지였다. 뉴욕 빈민가에서 사셨던 우리 부모님에게 돈은 안전판이었고 그래서 그분들은 돈을 저축하셨다. 내 아내의 부모님들은 중산층이셨는데, 그분들은 돈을 사용하는 것이 돈의 목적이라고 생각하셨다. 우리가 결혼한 뒤에, 내 아내는 30달러짜리 접시 세트를 사기 원했는데, 그 당시 그건 큰돈이었다. 접시 세트를 사기 위해 그런 정도의 돈을 쏟아버리겠다는 생각을 나는 도무지 이해할 수 없었다. 그래서 우리의 첫 번째 중요한 갈등은 접시를 사는 것에서 분출했다.

이 갈등은 서로 다른 사고방식에서 온 것이었다. 우리 부모님이 우리를 가르치신 원칙들에서가 아니라, 우리가 직감적으로 선택하는 느낌들과 가치들에서부터 온 것이었다.

기독교인의 삶에서 생겨나는 많은 갈등들은, 사람들이 돈에 대해서 하나님의 사고방식과 전혀 다른 사고방식을 갖고 접근하기 때문에 생겨난다. 설교자로서 나의 목표는 그들의 생각을 하나님과 일치하게끔 하는 것이다.

이 점을 아는 것은 나와 성도들 모두에게서 압박을 사라지게끔 해 준다. 나는 이런 변화가 생기는 데 오랜 시간이 걸린다는 점이나, 이런 일은 미친 듯이 해서 되는 것이 아니라 목적을 가지고 꾸준히 할 필요가 있다는 점을 깨달았다. 직접적으로 압박하지 않아도, 주목할 만한 변화가 실제로 일어난다. 회심은 갑작스럽게 일어나는 것처럼 보이지만, 일반적으로 어떤 과정의 결과로 일어난다.

내가 달라스에서 기업인들을 대상으로 성경 공부를 인도했을 때, 어떤 컴퓨터 회사의 경영인이 이 모임에 참석했었다. 그 그룹의 다른 사람들은 그가 기독교인이 아니라는 사실을 알고 있었다. 어느 날 나는 그 사람에게 함께 점심을 먹자고 초청한 뒤 그에게 물어보았다, "윌리, 당신은 기독교인인가요?"

"예, 그렇습니다."

나는 그가 기독교인Christian과 신사gentleman을 혼동하고 있는 것이 아닐까 생각했다. 그래서 그에게 물어보았다. "언제 기독교인이 되었나요?"

그는 대답했다. "잘 모르겠습니다."

그래서 나는 말했다, "그러면 왜 당신은 스스로 기독교인이라고 말하는지 내게 이야기해 주시겠습니까?" "제가 처음에 목사님의 성경 공부 모임에 왔을 때 저는 기독교인이 아니었습니다," 윌리는 대답했다. "어느 날 제가 면도를 하고 있었을 때였습니다. 저는 거울을 들여다보면서 저 자신에 대해서 이렇게 생각했어요, 목사님도 아시겠지만, 제가 오늘 하나님 앞에 서야만 하고 그분이 제게 '왜 내가 너를 천국에 들어오도록 해줘야만 하느냐?'라고 물으신다면, 저는 말할 겁니다, '저는 예수 그리스도께 제 삶 전체를 걸었거든요.' 몇 주 전까지만 해도 저는 그렇게 말할 수 없었습니다." 그는 이야기했다. "그렇지만 지금은 제가 하나님 앞에서 뭐라고 대답해야할지를 알고 있습니다. 지난달이나 그 전달쯤에, 여하튼 어디에선가, 저는 라인을 바꿔 탔습니다."

이와 비슷하게, 돈에 대해서 가르칠 때에도 단숨에 들어가는 접근하는 더 멀리 보고 가르칠 필요가 있다. 돈에 대해서 사람들은 그들의 태도들을 바꿀 수 있고 또한 그들이 하나님에게 물질을 드리는 태도도 극적으로 바뀔 수 있다는 걸 알기 때문이다.

액수가 아니라, 태도를 강조하라

내가 따르는 세 번째 원칙은, 액수를 강조하지 않는 것이다. 심지어는 바치는 비율에 대해서도 강조하지 않는다. 그 대신에 나는 성경적인 관점에서부터 물질을 드리는 사람의 태도와 헌신 정도 등을 강조한다.

신약 성경에서 금메달을 받는 사람은 보잘 것 없는 돈을 드린 한 과부로 판정되었다. 그 과부가 우승하던 바로 그날, 부요한 기부자들은 자비롭고 아낌없이 후한 물질을 성전 헌금궤에 넣었다. 반면 이 여자는 두 렙돈이라는 적은 돈만을 드렸을 뿐이다. 그러나 예수님은 바로 이 과부의 헌금 행위에 대해 트로피를 수여하셨다. 랍비들의 율법에 의하자면, 헌물을 드리는 사람은 그저 한 렙돈만 드릴 수는 없었다. 하나님에게 드릴 수 있는 헌물 중 최소 단위가 두 렙돈이었다. 그날 그녀에게는 하나님에게 드리는 것이 빵 한조각, 꿀 조금, 혹은 우유 한 잔을 마시는 것보다 더 중요했다. 하나님에게 드리는 것은 자신의 가장 기본적인 식생활보다 더 중요했다. 이것이 예배이다. 예수님은 그녀가 헌금하는 것을 보셨을 때 자리에서 벌떡 일어서셨다. 주님은 제자들을 향해서 소리치셨다. "저 과부를 주목해 봐라. 저 여자는 특별한 사람이다."

나는 하나님이 십일조를 내지 않는 많은 가난한 사람들을 귀히 여기신다고 믿는다. 왜냐하면 그들이 드리는 것은 그들이 버는 양과 관련해 생각해 보면 헌신적인 것이기 때문이다. 이와 마찬가지로, 십일조를 드리는 많은 부자들은 하나님의 것을 도적질하고 있는 모습이다. 그들의 십일조는 팁에 불과하기 때문이다.

나는 요한 웨슬리가 갖고 있던 공식에 깊은 감명을 받았다. 그가 30파운드 수입이 있었을 때, 그는 28파운드로 생활을 했고 2파운드를 구제비로 사용했다. 그리고 60파운드의 수입을 갖게 되었을 때, 그는 자신이 28파운드로 생활할 수 있다는 것을 알았기에 32파운드를 구제비로 사용했다. 다음해에 그의 수입이 90파운드로 올랐지만, 그는 여전히 28파운드로 생활하고 나머지는 구제비로 사용했다.

그렇기 때문에 설교의 핵심은 액수나 비율에 초점을 맞추는 것이 아니라 헌금을 드리는 사람이 보여 주는 태도와 헌신에 있다.

"투자" 원칙을 가르치라

네 번째로, 나는 사람들에게 하나님 나라를 위해 그들의 돈을 어떻게 투자해야 하는지 가르칠 의무가 우리에게 있다고 믿는다. 사람들은 건전한 투자 조언을 필요로 하는데, 성경은 이와 관련된 내용을 제시한다. 내가 가르치는 투자 전략 몇 가지를 제시해 본다.

- 당신의 의무를 다하라. 만약 당신이, "신약 성경대로 하자면, 내가 무엇을 드려야 합니까?"라고 묻는다면, 그 대답은 동심원을 이루는 네 가지 영역들을 포함할 것이다.

  1. 가족들에게 음식과 안식처를 제공하는 것. 가족들을 그렇게 뒷받침하지 않는 것은 이단보다 더 나쁜 것이다.
  2. 당신에게 하나님의 말씀을 가르치는 자들을 뒷받침하는 것.
  3. 교회 안에 있는 가난한 사람들을 돕는 것.
  4. 당신이 할 수 있는 대로 모든 사람들에게 선을 행하는 것.

- 사려 깊게 잘 준비해서 드리도록 하라. 우리는 우리가 드릴 것을 "한주의 첫날에 따로 준비하도록 하라."라고 배웠고, 그러므로 교회에 도착해서는 '아차! 헌금!' 이렇게 생각하면서 지갑을 뒤지다가 5달러짜리를 집어던져 넣는 것은 무책임한 모습이다.

사람들은 그들 자신이 섬기는 교회의 사역들에 대해서 그리고 다른 기독교인들의 사역들에 대해서 사려 깊게 생각해야만 한다. 리더들은 성실함을 제시하고 보여 주는가? 그들은 교회나 기관들이 돈을 어떻게 사용해야 하는지를 보여 주는 재정적인 언급들을 제시하는가? 그들의 돈은 영적인 이익을 창출해 내고 있는가? 기독교인으로서, 우리가 우리 교회를 넘어서는 이유들을 제시할 때, 우리는 그저 고아원 성가대가 우리 감성을 자극했기 때문이라는 식으로 이유를 제시해서는 안 된다. 우리는 우리가 후원하는 사역들에 대해서 무게감 있게 깊이 심사숙고해야만 한다.

- 이익을 창출해 낼 수 있는 건전한 사역들에 투자하라. 빌립보 성도들을 향한 바울의 편지는 실제적으로는 감사 편지이다. 그는 빌립보에 사는 성도들이 최근에 보내 준 선물에 감사하는 마음을 표현하기 위해 이 편지를 보냈다. 그리고 바울은 이 편지에서, 돈을 하나님의 역사하심에 대한 투자로 본다. "이 선물을 귀하게 생각합니다, 이것이 여러분에게 유익을 줄 것이기 때문입니다."(빌 4:17) 만약 당신이 이 본문을 불의한 청지기 비유, 그러니까 기민하게 움직이고 하나님 나라를 위해서 친구를 사귀라는 것에 초점을 맞추고 있는 본문과 한 묶음으로 묶는다면, 당신은 다음 사실을 발견할 것이다. 당신을 하나님 나라로 맞아들일 친구들을 사귀는 한 가지 방법은, 다른 사람들의 사역에 투자하는 것이라는 사실이다.

나는 우리 부부가 천국에 들어갔을 때, 그녀와 내가 케냐(우리가 결코 방문해 본 적도 없고 그 나라의 문화에 대해서도 아무것도 모르는 나라지만)

사람들로부터 환영 받을 것이라고 믿는다. 왜냐하면 우리는 수년 동안 그곳에서 생산적으로 사역한 선교사 부부를 후원하고 도왔다. 우리는 그 사역의 주주가 되었고, 언젠가는 우리의 배당을 받게 될 것이다.

하지만 반대로 불미스러운 사건들에 시달린 어떤 사역들에 투자하는 실수를 범할 수도 있다. 영적으로 말하자면, 전혀 생산적이지 않은 사역에 투자할 수도 있다. 그들은 영적인 이윤을 창출하는 데 실패했다. 만약 우리가 그런 사역들에 돈을 투자했다면, 우리는 주식시장이 붕괴된 이후의 투자자처럼 괴로워하게 될 것이다.

- 투자 영역의 포트폴리오를 다양하게 하라. 진지한 투자자는 돈의 일부는 주식시장에, 다른 일부분은 펀드에, 그리고 다른 일부분은 고위험 부담의 벤처 캐피탈에 넣어 둘 것이다. 여하튼 투자자는 최대한의 효율성을 위해 분산투자를 할 것이다.

이와 유사하게, 나는 기독교인도 영역에 대한 포트폴리오를 갖고 있는 것이 현명하다고 생각한다. 우선 우리는 우리의 지역 교회에 물질을 드린다. 이것은 가장 기본적인 의무인데, 왜냐하면 우리는 그곳을 통해 은혜를 공급 받고 또한 하나님의 말씀을 우리에게 가르치는 분들의 생계를 책임져야 하기 때문이다. 그러고 난 뒤, 나는 일정 부분의 돈을 복음전도를 위해 훈련 받은 개인이나 단체에 주고 싶다.

그 후에, 나는 우리 사회에 영향을 주고 있는 그룹들을 후원하고 싶다. 기독교인으로서, 내가 직접 갈 수 없는 그런 곳을 돕는 일에 동참하고 싶다. 보람 있는 일들에 개인적으로 참여할 수는 없더라도 몇

몇 소수의 그룹들을 재정적으로 후원할 수는 있다. 그리고 이런 방식을 통해서 "나는 당신들 편에 서 있습니다."라고 말할 수 있다. 예를 들어서, 내 아내와 나는 학대 당하는 여성들을 돕는 단체와 대학생들을 대상으로 사역하는 단체를 후원해 왔다.

나는 내 이야기가 마치 나를 후원하라는 말처럼 들리기를 원하지 않는다. 하지만 나는 장기적인 투자로서 신학교에 투자하는 것이 현명한 일이라고 생각한다. 학생들이 성숙하기까지는 많은 시간이 걸리지만, 오늘 당신이 후원하는 바로 그 학생이 결국에는 선교사, 목회자 그리고 교사들이 될 것이며 그들이 많은 사람들을 변화시킬 것이다.

나는 많은 목회자들이 "창고" 개념을 가르치는 것을 안다. 즉 십일조는 지역 교회에 속한다고 가르치는 것이다. 어떤 점에서 보자면, 넓고 다양한 선교 프로그램을 갖고 있는 교회는 뮤추얼 펀드와 비슷하다고 할 수 있다. 많은 사람들이 그 펀드에 투자하고 있기 때문에, 그 교회는 한 사람의 힘으로는 할 수 없는 여러 일들을 할 수 있는 힘을 갖고 있으며, 그래서 교회는 돈을 여러 가치 있고 타당한 사역들에 투자한다. 많은 사람들은 교회의 리더들이 그들의 투자 영역을 잘 관리해 줄 것으로 신뢰한다. 그러나 여기서도 원칙은 동일하다. 성도들은 자신의 리더들이 효과적이고 열매를 맺을 수 있는 프로그램에 투자를 하고 있는지를 잘 살펴보아야만 한다.

효과적으로 예를 제시하기

돈에 대해 설교하는 사람에게 특별히 곤란한 두 가지 영역들에 대해서 이야기할 수 있도록 해주었으면 한다. 하나는 예화이고, 다른 하나는 적용이다.

최근에 어떤 사람이 내게 말했다. "목사님, 저는 강단에 서서 돈에 대해 얘기하려할 때마다, 예화만 생각하면 거의 미칠 지경입니다. 만약에 제가 헌금을 많이 하는 사람을 예화로 들게 되면, 저희 성도들을 잃게 될 것 같구요. 만약 제가 말할 수 없이 가난한 방글라데시를 예화로 든다면, 헌금을 많이 하는 사람들을 잃게 될 것 같구요. 그렇다고 해서 저 자신에 관한 이야기를 하자니 그러면 성도들이 '목사님은 설교자시잖아요. 목사님은 그렇게 하셔야 하는 거지요' 이렇게 말할 테구요. 도대체 어디에서 물질을 드리는 것과 관련해서 믿을 만하고 실제적인 예화를 찾을 수 있을까요?"

이 문제는 다루기 매우 어려운 문제이다. 그러나 내가 예화들을 찾아내기 위해서 파헤쳐 보는 첫 번째 영역, 첫 번째 광맥은 성경 그 자체이다. 예수님의 38가지 비유들 중에서, 적어도 12개는 돈과 관련된 것들이고 또한 우리가 물질을 사용하는 것과 관련된 내용들이다. 복음서는 매우 많은 분량을 돈에 관한 내용을 다루는 데 할애한다. 어림잡아 8절마다 한 번씩은 돈이라는 주제를 다루는 셈이다. 내가 언급했던 것처럼, 빌립보서는 재정적인 후원에 대한 감사편지이며, 이 서신은 돈이라는 주제와 관련해 많은 것을 가르쳐준다. 이런 재료들로부터, 우리는 통찰력만이 아니라 효과적인 예화들도 얻을 수 있다.

두 번째로, 나는 물질을 드리는 것과 관련해서 나 자신의 경험들을 함께 나눈다. 나 자신은 별로 하고 싶어하지도 않는 일을 성도들에게만 요구하는 것이 아니라는 사실을 성도들이 알게하는 것이다. 그렇지만 물질을 드리는 것에 대해서는, 마치 앞부분에서 나의 "투자 영역"에 관해 설명한 것처럼, 좀 폭넓은 방식으로 이야기하는 것이 바람직하다. 일반적으로, 구체적인 액수를 밝히는 것은 걸림돌이 될 뿐이다.

세 번째로, 나는 친구들의 이야기를 통해서나 혹은 사회적인 상황들 속에서 예화를 찾아낸다. 그러나 이런 이야기들 중에서 도대체 어떤 것을 내가 선택하는가? 모든 예화들을 앞에 놓고서, 나는 "무엇이 숨겨진 메시지인가? 이 예화가 진정으로 담고 있는 내용은 무엇인가?" 등을 물어본다. 여기에 내가 예화들을 통해서 얻고자 하는 일부 메시지들을 제시해보면 다음과 같다.

- 인심이 좋은 사람들은 매력적이다. 하나님은 아낌없이 물질을 드리는 사람을 기뻐하시며, 드리는 것을 즐거워하는 사람을 기뻐하신다. 이것은 이해하기 어려운 내용이 아니다. 우리들도 마찬가지이기 때문이다. 인심이 좋게 되는 것은 한 사람의 영혼을 위해 무언가를 행하는 것이다. 나는 내가 선택한 이 예화가 효과적으로 다음 질문을 던질 수 있기를 원한다 "어떤 단어를 당신에게 적용하기를 원하는가? '인색한'인가 '자비로운'인가.

● 나눔은 다른 사람들의 삶속에 놀라운 일들이 일어나게끔 해준다. 나는 예화가 드림이 얼마나 사람들의 삶에 결정적으로 역할하는지를 보여주기를 원한다. 이것은 우리가 선교 컨퍼런스에서 하는 일이다. 선교사들은 우리가 드린 것들이 선교지의 사람들에게 어떤 충격과 결과를 가져왔는지에 대해서 보고한다. 예를 들어서, 바울은 빌립보 성도들에게 "여러분의 드림으로 인해 내가 사역할 수 있었습니다. 내가 여기에 있는 동안, 복음이 시위대에게까지 전파되었습니다."라고 이야기했다.

● 드림은 우리들에게 반드시 물질적인 것은 아니라 하더라도 대단한 유익을 가져다준다. 10달러를 헌금하고서 50달러를 다시 얻게 된 사람에 관한 예화는, "더 많은 것을 얻기 위해서 드린다."는 동기를 북돋을 위험이 있다. 그러나 우리는 나눔으로부터 얻을 수 있는 매우 풍성하고, 비물질적인 축복들에 대해서 보여줄 수 있다. 예를 들어서, 우리가 우리 자녀들을 사랑하기 때문에 우리는 그들이 좋은 교육을 받을 수 있게끔 하고자 노력한다. 우리는 우리 집을 대가로 지불해서라도 무엇든 자녀에게 주고자 했었다. 그러나 그 대가로 무언가가 우리에게 돌아올 것을 기대하지는 않았다. 하지만 지금 내 아내와 나는 우리 자녀들의 삶속에서 그리고 그들이 만나고 다가가고 있는 사람들 속에서 그 교육이 어떤 열매를 거두고 있는지를 보고 있으며, 여기엔 큰 기쁨이 있다.

● 하나님은 우리가 가능하다고 생각했던 것 이상으로 더 많은 것을 드릴 수 있게끔 해주신다. 내가 일리노이 얼바나에 있는 트윈 시

티 바이블 교회의 당회장이었을 때, 성도들은 일리노이대학 바로 옆에다가 땅을 사고 교회 건물을 건축하기로 결정했다. 왜냐하면 우리는 바로 그 장소가 가장 큰 영향력을 끼칠 수 있는 장소라고 생각했기 때문이다. 하지만 그 결정은 너무 가치있는 것이었고, 성도들은 정말로 할 수 있는 한 최대한 헌신해야만 했다.

이번 헌신에 관해 이야기하면서 성도들과 교제할 때, 나는 매우 많은 사람들이 하는 이야기를 들으면서 무척 놀라와 했었다. "저는 킴벌리-클락 회사에서 일하는데요, 바로 얼마 전에 승진을 해서 봉급이 거의 두 배나 올랐어요."

나는 말했다. "그 일이 우연입니까, 아니면 하나님이 이 교회를 향한 하나님의 뜻을 이루시는 것을 형제님이 돕게 하시려고 허락하신 것입니까?"

하나님의 백성들이 하는 간증은, 종종 하나님에게 드리기로 결단했던 것에 대해서 하나님이 실제로 그것을 드릴 수 있게끔 만들어 주셨다는 것이다. 나는 하나님이 자기 백성들로 하여금 하나님에게 물질을 드릴 수 있는 능력을 공급해 주셨다는 것을 증거하는 예화들을 사용하는 것이 매우 적절하다고 생각한다.

핵심을 꿰뚫는 적용들

비록 돈에 관한 설교는 돈이 필요하지 않을 때 하는 것이 가장 현명한 일이기는 하지만, 종종 돈이 필요하기도 하며, 일반적으로 설교자들은 돈이 필요하기에 설교를 해야 하는 사람들이기도 하다. 당신은 어떻게 그런 필요를 제시하는가? 당신은 무엇을 요청하는가?

아마도 당신은 내가 배운 교훈들 중 몇 가지를 힘께 공감하면서 사용할 것이다.

- 요구하라 그리고 대범하게 그렇게 하라. 만약 교회에 필요가 있고, 내가 당신에게 그 필요에 관해 이야기한다면, 어떤 지점에서는 요청을 해야만 한다는 사실을 우린 분명히 해야 한다. 만약 그렇게 하지 않는다면, 마치 복음을 제시하지만 사람들에게 그들의 삶을 그리스도께 헌신하라고 요구하지 않는 그런 복음전도자와 비슷할 것이다.

나는 이 교훈을 배우는 데 상당히 많은 대가를 지불했다. 내가 신학교의 총장이 되었을 때, 그 학교는 아주 오래되고 비효율적인 전화 시스템을 갖고 있었다. 우리는 절대적으로 새로운 전화기가 필요했고, 그래서 나는 어떤 경영인을 찾아갔고 그에게 우리는 새로운 전화 시스템을 위해서 2만 달러가 필요하다고 이야기했다. 우리가 이점에 대해서 잠시 이야기했는데, 그러자 그는 물어왔다. "총장님은 제가 어느 정도의 돈을 기부하기를 원하시는지요?"

나는 대답했다. "음, 혹시 우리에게 천 달러를 기부하실 수 있겠습니까?"

그는 자기 수표책을 꺼내더니만, 일천 달러짜리 수표를 끊어 주고서는 그것을 책상을 가로질러 내밀면서 내게 말했다. "총장님께서는 제게 무례를 범하셨습니다."

나는 생각했다. '내가 이분의 마음을 상하게 했구나, 나는 이분에게 돈을 요구하지 말았어야만 했었는데.'

그러나 그는 말했다. "총장님은 이만달러가 필요하신데도, 제게 천 달러만 요구하셨습니다. 총장님은 제가 많은 돈을 기부할 수 없을 거라고 느끼셨기에 그렇게 하셨을 수 있습니다. 그런 경우라면 총장님은 제가 재정적으로 어느 정도 인지에 대해서 과소평가하신 것입니다. 만약 이게 아니라 더 나쁜 경우라면, 총장님은 제가 돈은 갖고 있지만 더 많은 돈을 기부하지는 않을 것이라고 생각했을 수도 있는데, 그렇다면 총장님은 제 자애심을 모욕하신 것입니다. 총장님이 아셔야 할 점이 있습니다. 만약 누군가 어떤 사람이 무얼 할 때 그의 의도를 신뢰한다면, 총장님은 절대로 그 사람에게 그 사람이 할 수 없는 큰일을 해 달라고 부탁하는 것으로 그 사람을 모욕해서는 안 됩니다. 만약 그 사람이 큰일을 할 수 없다면, 그 사람은 돌아와서 총장님에게 자신이 무얼 드릴 수 있는지를 이야기할 수 있을 겁니다. 그러나 총장님이 한 사람의 능력보다 더 많이가 아니라 더 적게 요청하셨을 때, 총장님은 항상 손해를 봐야 할 것이고 또한 그 사람을 모욕하신 것입니다.

내가 그분에게 고맙게 생각하는 것은, 그분이 "자, 이제 수표를 다시 돌려주십시오. 제가 다른 수표를 써드리겠습니다" 이렇게 말하지 않았다는 점이다. 나는 이 교훈을 배우는 데 돈을 지불했다.

• **당신이 믿는 이유와 근거에 집중하라.** 내가 신학교 총장이었을 때, 나는 학교편에 서서 이야기하곤 했다. 사람들에게 기부하라고 요청하면서 전혀 부끄러워하지 않았다. 학교를 위한 기부가 사람들에게 대단히 중요한 기회라고 생각했다. 내가 갖고 있는 이유가 옳다고 믿었기 때문이다.

솔직히 말해서, 나는 나 자신을 위해서 돈을 드릴 때에는 힘겨운 시간을 가졌다. 그렇지만 예수 그리스도의 교회보다 더 중요한 근거와 이유가 과연 있단 말인가? 설교자로서, 우리는 우리 삶을 교회에 헌신했으며, 다른 사람들에게 교회를 후원하는 것을 통해 우리에게 동참하라고 요구하는 것은 지극히 사리에 맞는 일이다.

• **앞장서라.** 내가 물질을 드리는 것에 관해서 설교할 때마다, 먼저 나 자신이 아낌 없이 물질을 드려야만 한다. 달리 어떻게 내가 다른 사람들에게 물질을 드리라고 요구할 수 있겠는가? 나는 만약 당신이 자기 자신을 아낌없이 드리지 않는다면, 당신은 중요한 기부와 기여를 요청할 수 없다고 믿는다.

• **이것이 함께하는 것이며 동참하는 것임을 강조하라.** 때때로 어떤 교회는 선교 프로그램을 마치 선교 위원회들이 함께 모여서 하는 프로그램인 양 생각하거나, 혹은 건축 프로그램은 장로들이 함께 모여서 하는 프로그램인 양 생각하기도 한다. 바로 이 점으로 인해, 한 교회가 헌금에 대해서 작정을 할 때 교회 안의 좀 더 넓은 범위의 사람들이 거기에 참여하고 목소리를 내도록 하는 것이 매우 중요한 일

이 되었다. 그렇게 하면 당신은 정직하게 말할 수 있을 것이다. "우리는 우리 자신을 이 일에 헌신했습니다. 그리고 지금 우리는 그 헌신을 뒷받침할 필요가 있습니다."

- 비기독교인이나 방문객에게는 헌금하지 않을 자유를 주라. 교회의 경제적 부담이나 프로젝트가 전체 교회 구성원들을 위한 것이기는 하지만, 이건 오직 교회 성도들만을 위한 것이다. 나는 교회 리더들이 "만약 여러분이 아직 믿음의 길을 향해 나아가고 있는 중이시라면, 헌금시간을 그냥 편안하고 자유롭게 건너뛰시기 바랍니다. 헌금은 성찬식과 마찬가지로 자기 자신을 예수 그리스도에게 헌신한 사람들만을 위한 것입니다. 여러분에게, 하나님은 영생이라는 선물을 주십니다. 우리는 여러분이 하나님이 여러분에게 돈을 졸라댄다고 생각하지 않기를 원합니다. 여러분은 여기 함께 참여하셨고 이것을 통해 이미 우리들을 존중해 주셨습니다." 이렇게 말해 주는 것은 매우 결정적이고 중요한 일이라고 믿는다.

참으로 기묘하게도, 당신이 이렇게 말하고 또한 사람들이 당신이 뭘 말하고 있는지를 알게 될 때, 기독교인들은 더욱 더 아낌없이 물질을 하나님에게 드리고 비기독교인들은 하나님이 그들에게 값없이 주시는 선물에 강한 인상을 받는다는 것을 발견했다.

돈 = 헌신

⋮

왜 설교자들은 계속해서 돈이라는 주제를 드러내 이야기해야만 하는가? 왜 우리는 성도들이 물질을 드리는 문제를 오해할 수도 있다는 것을 알면서도 하나님에게 물질을 드리라고 가르치는가?

우리가 돈에 관해서 논의할 때, 그것은 헌신에 관해서 이야기하는 것이기 때문이고, 헌신은 우리가 있어야 할 자리이기 때문이다. 만약 한 사람이 자신의 돈을 그 앞에 내려놓지 못한다면, 헌신은 그저 값싼 대화에 불과할 뿐이다. 우리는 사람들이 예수 그리스도를 진지한 마음으로 대하기를 원한다. 그리고 그들이 예수 그리스도에 대해 진지하다면, 그들은 물질을 드리는 것을 통해 그리스도에 대한 자신들의 태도를 증명할 것이다.

생각해 봐야 할 질문들

1. 물질을 드리는 것에 관해 설교할 때 우리가 피해야 할 유혹들은 무엇인가?
2. 돈에 관한 설교를 준비할 때, 설교자들이 인식하고 있어야 할 성도들의 필요는 무엇인가, 즉 성도들은 왜 물질을 드려야 하는가?
3. 로빈슨이 돈에 대해서나 헌금에 대해 설교할 때 따르고 있는 원칙들은 무엇인가?
4. 헌금에 관한 설교에서 예화들은 어떤 역할을 하는가?
5. 당신이 돈에 관해서(개인적으로 그리고 교회적으로) 설교할 때 만나게 되는 도전들은 어떤 것들이 있는가?

참고도서

Carter, William G., ed. *Speaking of Stewardship: Model Sermons on Money and Possessions*: Geneva, 1998.

Hoge, Dean, Patrick McNamara, and Charles Zech. *Plain Talk About Churches and Money*: Alban Institute, 1997.

Horton, Michael, ed. *The Agony of Deceit*: Moody, 1990.

Ronsvalle, John L., and Sylvia Ronsvalle. *Behind the Stained Glass Windows: Mondy Dynamics in the Church*: Baker, 1996.

Sproul, R. C. *Money Matters*: Tyndale House, 1985.

13. 수표책(Checkbook)의 간증

노년의 빌리 로즈$^{Billy Rose}$는 20년을 결혼 생활한 남편과 아내가 서로 갈라서기로 결정했던 이야기를 자주 입에 올렸다. 남편은 어느 날 이전에 자신이 지불했던 수표들을 담아 놓은 커다란 상자를 뒤적이다가, 우연히 자신과 아내가 신혼 첫 날을 보낸 호텔에 지불했던 노란색 수표를 발견했다. 그런 뒤 처음으로 차를 사면서 지불했던 수표도 발견했다. 그리고 첫 딸을 낳고 병원에 냈던 수표도 찾아내고서는 손가락으로 만져보면서 그때 경험했던 벅찬 감정들을 기억해냈다. 또한 집을 처음으로 구입하면서 은행에 냈던 2천달러 수표도 만지작거려 보았다. 결국 그는 그 박스를 옆으로 잠시 치워 놓고서는 자기 아내에게 전화를 해서 이 결혼 생활을 포함하기엔 너무나 많은 것들이 그 안에 들어있노라며 새롭게 다시 출발해보자고 이야기했다.

만약 당신이 한 가족의 수표들을 찬찬히 훑어볼 수 있다면(여지껏 사용해 온 돈의 내역을 살펴볼 수 있다면), 당신은 가족들의 삶이 어떠했는지 그 역사를 읽을 수 있을 것이다. 그들이 무엇을 중요시하고 어떻게 살아왔는지에 대해서, 그리고 그들이 무엇을 저축했고 또한 어떻게 돈을 사용했는지에 대해서 말이다. 사실 우리의 수표책checkbook(미국에서는 은행에 계좌를 열고, 그 은행으로부터 수표들을 받아서 본인이 금액을 써넣고 서명을 해서 수표를 사용한다. 이때 은행에서 주는 수표묶음을 수표책이라고 한다.-옮긴이)은, 무엇이 우리의 우선순위이며 하나님과 우리의 관계가 얼마나 진지한가 등에 대해 우리가 들고 다니는 찬송가보다 훨씬 더 잘 보여 준다.

바로 이런 이유 때문에 예수님은 돈에 대해서 많이 말씀하셨다. 복음서의 6분의 1정도, 비유의 3분의 1정도가 청지기라는 주제와 관련되어 있다. 예수님은 펀드를 모금하시는 분이 아니셨다. 주님이 돈 문제를 다루신 것은 돈이 중요한 문제이기 때문이다. 우리 중 어떤 사람들은 돈을 너무너무 중요하게 생각한다. 이것을 알고 계셨기에 예수님은 "한 사람이 두 주인을 섬길 수 없다. 그는 한 주인을 미워하고 다른 주인을 사랑하거나, 아니면 한 주인을 존귀히 여기고 우선시하고 다른 주인을 멸시하며 중요시하지 않는다."(눅 16:13)라고 말씀하셨다.

돈의 노예라는 표현은 매우 추상적이다. 내게는 나의 집, 나의 자동차, 나의 투자액이 하나님보다 더 중요하거나 더 의미가 있는 것은 아니다. 그러나 예수님은 우리에게 하나님을 돈보다 좀 더 섬겨야만 한다고 말씀하신 것이 아니다. 우리 삶을 평가할 때, 무엇이 우리 삶에서 첫 번째 자리를 차지하고 있는지를 살펴보는 것은 적절한 테스트가 아니다. 우리가 던져야 하는 질문은 우리가 돈을 조금이라도 섬기고 있느냐 아니냐이다.

조지 버트릭George Buttrick은 이 주제와 관련된 내용을 살펴보면서 이렇게 이야기한다. "영혼이 선택할 수 있는 모든 주인들 가운데서, 결국 두 가지 주인이 남게 된다. 하나님과 맘몬. 아무리 사소한 선택이건 간에, 아무리 다른 식으로 위장할 수 있는 것처럼 보이건 간에, 모든 선택들은 결국 이 두 가지 주인을 선택하는 것이 변형된 것일 뿐이다."

우리 사회에서 사람들은 자신의 봉급이나 자신이 얼마를 헌금하는지 등에 대해서는 거의 밝히지 않는다. 우리는 우리의 재정적인 부분들에 대해서는 친구들이나 친척들 혹은 심지어 자녀들 앞에서조차 결코 논의하지 않는다. 왜냐하면 돈은 우리의 궁극적인 실체적 모습이기 때문이며, 이 부분에 관해 논의하는 것은 정말로 우리에게 중요한 부분을 노출시키는 것이기 때문이다. 미국인들은 동전 위에다가 "우리가 믿는 하나님 안에서In God we trust"라고 새겨놓았지만, 이 글귀의 의미는 종종 "이 동전 안에 우리가 믿는 하나님이 있다"를 뜻하곤 한다.

우리는 하나님을 섬기며 돈을 사용하든지 아니면 돈을 섬기며 하나님을 사용하든지 둘 중에 하나를 한다. 그러나 고의로 자신의 삶을 물질주의에 드리는 기독교인은 거의 없다. 예수님은 우리에게 말씀하셨다. 부요함은 기만적이며, 그 속박은 아주 교활하다고 말이다. 이는 마치 파리를 잡는 끈끈이나 파리와 비슷하다고 할 수 있다. 파리는 끈적끈적한 끈끈이에 내려앉으면서 "나의 끈끈이"라고 생각하지만, 결국에는 그 끈끈이가 "내 파리"라고 말하는 것을 발견하게 될 뿐이다.

맘몬이 당신의 하나님인가?

풍요의 노예가 되는 것은, 우리가 우리의 삶을 돈 주변에 세우고 또한 돈으로 살 수 있는 것들 주변에 우리 삶을 놓을 때 생겨난다. 그렇다면 우리는 맘몬을 우리의 신으로 가져왔다는 것을 어떻게 알 수 있고 그렇게 판단할 수 있는가? 세 가지 질문을 통해 돈이 우리 경험 속에서 어떤 자리를 차지하고 있는지를 분별할 수 있다.

첫 번째 질문은, "나는 돈을 얻기 위해서 돈보다 귀한 무언가를 희생할 생각을 하는가?"이다. 예를 들어서, 잠언의 현자는 이렇게 말한다. "많은 재물보다 명예를 택할 것이요 은이나 금보다 은총을 더욱 택할 것이니라"(잠 22:1) 만일 내가 나의 명예, 깨끗한 양심, 내 아내와 아이들, 나의 영적 생동감 등을 돈을 위해 추구하느라 희생한다면, 그렇다면 돈이 나의 우선순위들을 결정하고 있는 것이다. 오직 하나님만이 그렇게 하실 권리를 갖고 계시다.

두 번째는, "나는 하나님만이 내게 주실 수 있는 것을 돈을 가지고 사려고 시도하는가?" 한때 많은 미국인들이 하나님에게 달라고 기도했던 많은 것들을, 지금은 돈으로 사고 있다. 텔레비전에 나오는 "광고주의 말씀"은 삶은 우리의 소유로 이루어진다는 확신을 심어준다. 지난 10년 간 도시의 무질서 문제를 다룬 커너 리포트Kerner Report는, 텔레비전이 불만을 자극하고 게토 지역 주민들의 물질적 욕망들을 선동했다는 점을 고발했다. 모든 사람들(부자이건 가난한 사람이건 간에)은 다음과 같은 메시지를 받는다. 돈이면 무엇이든지 다 살 수 있다. 암 재단에 돈을 보내라. 그러나 낭비하는 것을 멈추지는 말라. 아동 범죄가 아동 인구보다 일곱 배나 더 빨리 증가하고 있지만, 젊은이들을 교회로 데려가지는 말라. 기부금을 보내라. 돈이 모든 것을 치유할 것이다. "소비"면 다되는 사회에서 살고 있기 때문에 우리는 안전, 마음의 평화, 우정 그리고 명예를 구매하기 위해 은행 계좌를 의지할 수 있다. 오직 하나님만이 내게 해 주실 수 있는 것을 돈도 할 수 있다고 신뢰할 때, 돈은 이미 나의 신이 되어 버린 것이다.

세 번째로 던지는 질문은 이것이다. "돈을 모으고 그것을 유지하려고 하는 나의 관심이 하나님을 향한 나의 관심과 책임을 흐릿하게 만드는가? 무엇이 나를 염려하게 만드는가? 내 마음을 중립에 놓았을 때, 내 생각들은 어디로 향하는가? 우리가 돈에 대해서 조심하고 주의를 기울여야만 하지만, 예수님은 우리가 돈에 대한 염려로 가득 차서는 안된다고 가르치셨다. 내 삶에서 하나님이 하나님 되시는 것에 중점을 둘 때, 나는 삶의 필수품들에 대해 염려하지 않아도 된다. 하나님이 먹을 것과 입을 것에 대해 책임을 지시고 우리를 채워주실 것이기 때문이다. 음식에 관해서 말씀하시면서, 예수님은 새들을 가리키셨다. "그들은 심지도 않고 거두지도 않고 곡식을 쌓아두지도 않는다. 하물며 너희 하늘에 계신 아버지께서 너희를 먹이지 않겠느냐? 너희가 그들보다 귀하지 않으냐?" 의복에 대해서 강론하시면서, 예수님은 들에 핀 꽃을 예로 제시하셨다. "들에 핀 백합화를 보라, 그들이 어떻게 자라는지 생각해 보라. 그들은 천을 만들지 않는다. 하지만 내가 너희에게 말하노니 솔로몬이 자신의 모든 영광으로 옷 입은 것도 이 꽃만큼 고상하고 아름답지 못했다." 주님은 우리가 아무 것도 하지 않는 것을 통해 모든 것을 할 수 있다는 의미로 이렇게 말씀하신 것이 아니다. 새들도 실제로 음식을 찾아다닌다. 여기서의 요점은 새나 꽃들이 그런 것들에 대해 염려하지 않는다는 데 있다(마 6:25-34).

우리를 염려하게 만드는 것이 우리를 다스린다. 하나님은 부요가 아니라 충분함을 약속하신다. 내 자신의 필요에 충분하고 다른 사람들의 필요를 채워주고도 남음이 있는 충분함 말이다. 산상설교에서 예수님은 우리에게 우리 삶을 하나님 나라에 집중할 것을 가르치셨다. 그러면 먹을 것과 마실 것 역시 우리 것이 될 것이라고 가르치셨다.

우리가 하나님 나라를 구할 때 우리를 입혀주시겠다고 약속하시면서, 그리스도는 우리에게 넝마를 약속하시지 않으셨다. 하나님이 백합화들을 얼마나 아름답게 입히시는지를 살펴보라. 여유분을 모아 놓는 것이 우리를 파괴할 수도 있긴 하지만, 풍요가 죄악은 아니다. 풍요가 하나님의 뜻 안에서 우리에게 주어질 때, 우리는 감사해야 하고 그것을 누릴 수 있어야 하고, 또한 그것을 부끄러워하지 않아야 한다. 우리가 우리의 돈으로 하나님을 섬기고자 결단할 때, 우리는 그 돈이 우리에게 주어진 것이 아님을 깨닫는다. 그 돈은 우리에게 잠시 맡겨진 것이다. 그 돈을 투자하는 것은 우리 몫이지만, 그 돈을 우리가 계속 갖고 있는 것은 우리 몫이 아니다.

바울은 그의 젊은 동역자 디모데에게 편지를 썼는데, 나는 오늘날 그 말씀을 많은 기독교인들에게 적용하고자 한다.

"네가 이 세대에서 부한 자들을 명하여 마음을 높이지 말고 정함이 없는 재물에 소망을 두지 말고 오직 우리에게 모든 것을 후히 주사 누리게 하시는 하나님께 두며 선을 행하고 선한 사업을 많이 하고 나누어 주기를 좋아하며 너그러운 자가 되게 하라

이것이 장래에 자기를 위하여 좋은 터를 쌓아 참된 생명을 취하는 것이니라." (딤전 6:17-19)

생각해 봐야 할 질문들

1. 예수님은 왜 돈에 관해서 그렇게 많이 말씀하셨는가?
2. 돈의 종이 된다는 것은 무엇을 의미하는가?
3. 우리가 돈과 관련해서 우리 자신에게 물어봐야하는 질문으로, 로빈슨이 제안하는 질문들은 무엇인가?
4. 이 세 가지 질문에 대한 당신의 대답은 무엇인가?
5. 기독교인은 어떤 책임감을 가지고 주님께 자신의 돈을 드려야 하는가?

참고도서

Burkett, Larry. *Giving and Tithing: Includes Serving and Stewardship* : Moody, 1998.

Dean, James D. *Breaking Out of Plastic Prison* : Revell, 1997.

Foster, Richard J. *The Challenge of the Disciplined Life: Christian Reflections on Money, Sex, and Power* : Harper & Row, 1989.

Hoge, Dean. *Money Matters: Personal Giving in American Churches* : Westminster John Knox, 1996.

Vallet, Ronald W. *Stepping Stones of the Steward* : Eerdmans, 1989.

| 맺는 말 |

해돈 로빈슨은 20세기 후반, 설교에 심오한 영향을 끼쳤다. 이 책 안의 각 장들은 이 시대에 설교자가 성도들에게 설교를 한다는 것이 과연 무엇을 의미하는가에 관한 그의 생각들을 제시해 준다. 설교에 대한 그의 핵심적인 사상(빅 아이디어Big Idea)은 그저 단순한 하나의 방법론이 아니라, 어떻게 설교해야 하는가에 관한 사상이다.

가장 위대한 열 두 명의 영어 설교자 중 한 사람인 로빈슨은, 능력 있는 전문 설교자일뿐만 아니라 대단한 사상가이기도 하다. 그는 커뮤니케이션에 수사학적인 구성 요소들이 있다는 점을 잘 이해하고 있으며, 또한 주해적인 통찰력과 청중들에 대한 인식도 조화롭게 갖고 있다. 그의 이런 모습들은 그로 하여금 탁월한 설교자로 설교할 수 있게끔 도와준다. 이 책에 들어 있는 각각의 장들과 내용들은, 그가 갖고 있는 이해와 지식의 폭을 잘 보여 준다.

이 책을 통해서, 로빈슨은 사려 깊은 독자들에게 설교가 단순히 사람들에게 성경이 말하는 내용을 전달하고 이야기하는 것만이 아니라는 점을 보여 준다. 설교에는 하나님에게 집중되고 하나님에게 중심을 두고 있는 그런 삶이 포함되어 있다. 본문의 의미에 대한 날카로운 통찰력과 본문에 대한 적용이 명쾌하게 서로 커뮤니케이션을 나누는 그런 모습도 설교 안에 담겨 있다. 그리고 설교는 설교를 듣는 성도들을 충분히 이해하고 적절하게 인식하는 그런 모습도 보여 준다.

이 책 속에 담긴 모든 내용들은, 설교는 매우 중요한 것이라는 확신, 즉 하나님은 사람들의 삶을 바꾸시기 위해 설교를 사용하신다는 확신들로부터 나온 내용들이다. 어린 소년이었던 로빈슨은 한 시간을 설교하지만 고작 20분만 설교한 것처럼 보이는 설교자와, 단지 20분만 설교했지만 마치 한 시간을 설교한 것처럼 보이는 설교자 사이에 어떤 차이점이 있는지 궁금해 했다.

로빈슨은 평생 동안 이 질문에 대답하고자 시도해 왔다. 그는 차이점을 발견하고자 노력했다. 자신의 연구와 경험을 통해서, 수많은 각도들을 통해 이 질문을 살펴보고 관찰해 왔다. 이 책 속의 핵심들은 그의 질문에 대한 복합적인 대답을 제시한다. 이 책을 읽으면서 설교자들은 그 대답을 발견할 수 있을 것이고 자기 자신의 설교에 있어서도 탁월한 변화를 가져올 수 있을 것이다.

이 내용들은 로빈슨 자신이 실제로 설교했던 내용들이다. 그는 차이점을 발견했다. 그리고 바로 그것이 이 책이 전달해 주고자 계획했던 내용이기도 하다. 다른 설교자들로 하여금 탁월한 설교자가 되게끔 도와주는 것, 이것이 이 책의 의도이다.

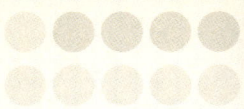

| 주 |

들어가는 말

1. *Cf.* Keith Wilhite and Scott M. Gibson, eds., *The Big Idea of Biblical Preaching: Connecting the Bible to People* (Grand Rapids: Baker, 1998).
2. Haddon W. Robinson, *Biblical Preaching: The Development and Delivery of Expository Messages* (Grand Rapids: Baker, 1980), pp. 31-48.
3. James L. Golden and Edward P. J. Corbett, eds., *The Rhetoric of Blair, Campbell and Whately* (New York: Holt, Rinehart and Winston, 1968), p. 298.

5장

1. Kyle Haselden, *The Urgency of Preaching* (New YOrk: Harper & Row, 1963) 89.
2. R. A. Montgomery, *Expository Preaching* (New YOrk: Revell, 1939) 42.
3. P. T. Forsyth, *Positive Preaching and the Modern Mind* (London and New York: Independent, 1907)11.
4. F. B. Meyer, *Expository Preaching Plans and Methods* (1910; Grand Rapids: Zondervan, 1954) 58.

6장

1. Hauch Friedrich, *Theological Dictionary of the New Testament* (Grand Rapids: Eerdmans, 1965) 3: 687-88.

2. Examples use to demonstrate the points come from specific sermons preached by people whose position on inspiration would qualify them to join I.C.B.I. My purpose is not to criticize such individuals or to point out their inconsistencies - all of us have nasty homiletical skeletons hanging in our basement - but to illustrate my point. Therefore, I have refrained from giving footnotes for this illustration.
3. R. W. Dale, *Nine Lectures on Preaching* (New York: George H. Doran, 1878), 125.
4. Nathaniel J. Burton, *Yale Lectures on Preaching and Other Writings* (New YOrk: Charles Webster & Company, 1888), 340-41.
5. Donald Miller, *The Way to Biblical Preaching* (Nashville: Abingdon, 1957), 99.
6. Dwight Stevenson, *In The Biblical Preacher's Workshop* (Nashville: Abingdon, 1967), 55.
7. Lloyd Perry, *Manual for Biblical Preaching* (Grand Rapids: Baker, 1965), 107.
8. Heinrich Miller, *Dictionary of New Testament Theology* (Grand Rapids: Zondervan, 1971), 3:906.
9. Sidney Greidanus, *Sola Scriptura* (Toronto: Wedge Publishing Foundation, 1970), 70.
10. Greidanus, 221-22.
11. Greidanus, 225-26.
12. Quoted in *The Way to Biblical Preaching*, 148.
13. Peter Marshall, *John Doe, Disciple* (New York: McGraw-Hill, 1963), 124.